복음 기초반

복음 기초반

지은이 | 이규현
초판 발행 | 2022. 12. 21
7쇄 발행 | 2024. 5. 14
등록번호 | 제1988-000080호
등록된 곳 | 서울특별시 용산구 서빙고로 65길 38
발행처 | 사단법인 두란노서원
영업부 | 2078-3352 FAX | 080-749-3705
출판부 | 2078-3331

책값은 뒤표지에 있습니다.
ISBN 978-89-531-4365-4 03230

독자의 의견을 기다립니다.
tpress@duranno.com www.duranno.com

두란노서원은 바울 사도가 3차 전도여행 때 에베소에서 성령 받은 제자들을 따로 세워 하나님의 말씀으로 양육하
던 장소입니다. 사도행전 19장 8-20절의 정신에 따라 첫째 목회자를 돕는 사역과 평신도를 훈련시키는 사역, 둘째
세계선교(TIM)와 문서선교(단행본·잡지) 사역, 셋째 예수문화 및 경배와 찬양 사역, 그리고 가정·상담 사역 등을 감당하
고 있습니다. 1980년 12월 22일에 창립된 두란노서원은 주님 오실 때까지 이 사역들을 계속할 것입니다.

복음 기초반

신앙생활의 첫걸음을 인도하는 기독교 핵심 가치

이규현 지음

두란노

목차

이 책을 읽고 난 소감은 '조금 더 일찍 내 딸에게 읽혔으면 좋았을 한 권의 책!'입니다. 저는 이 책을 읽으면서 독자들을 향한 아빠의 사랑을 느꼈습니다. 어린 자녀들이 신앙이 무엇인지, 기독교가 무엇인지, 교회가 무엇인지 그리고 그리스도인으로서 어떻게 살아야 하는지에 대해 배고픈 질문을 할 때, 건강한 재료와 최고의 조리법을 동원해서 탁월한 식탁을 준비해 주셨습니다. 먼저, 어린 신자가 성숙한 길로 가는 데 꼭 필요한 내용을 열 가지로 적절하게 정리한 주제 선정에 감탄하게 됐습니다. 기독교의 기본 교리로 끝나지 않고 교회 생활과 세상 속의 그리스도인으로 사는 법에 이르기까지 그리고 삶으로까지 연결했습니다. 둘째로, 저자가 언급한 성경 구절들과 이에 대한 해석의 탁월성입니다. 셋째로, '그렇구나'라고 말할 수밖에 없는 적절한 예화의 등장입니다. 이 예화들은 어린 신자들을 성경적 진리에 더 친밀해지게 하는 탁월한 매개체가 될 것입니다. 넷째로, 복음과 신앙생활의 핵심을 설명하는 탁월성입니다. 비교종교학적 요소를 가미하여 복음과 유사복음의 차이 그리고 타종교와의 차이를 대조 설명함으로써 우리가 믿는 바를 확신하게 만들어 줍니다. 다섯째로, 저자의 탁월성입니다. 저자 이규현 목사는 실제로 이런 목자의 사랑을 우리에게 보여 주었습니다. 한 영혼을 건강하게 세우기 위해 몸부림치는 목회를 추구해 왔고, 이에 대한 많은 열매를 이미 거둔 분이기에 더욱 신뢰할 수 있습니다. 지역 교회 목회자의 고민은 어떻게 한 성도를 건강하게 세워 갈 것인가 그리고 그 첫걸음을 어떻게 시작할 것인가입니다. 이 책은 저와 같이 고민하는 많은 목회자들에게 생수와 같은 기쁨을 줄 것입니다. 이 책을 통해서 새신자뿐 아니라 이미 전통화된 오랜 신자들까지도 새롭게 될 것으로 기대하게 만듭니다.

○ **길성운** 성복중앙교회 담임목사

이규현 목사님은 2004년 경기도 화성시에 교회를 개척한 이후 계속 교회를 분립하면서 '큰숲운동'을 하고 있습니다. 믿지 않는 사람, 예수님은 믿지만 교회는 싫다는 사람, 교회를 다니기는 하지만 뭐가 뭔지 모르고 다니는 수많은 사람을 만나면서 안타까운 마음을 가지고 있다가 이번에 《복음 기초반》이라는 책을 출간하게 되었습니다. 이 책은 불신자들과 초신자들의 마음속에 있는 궁금증을 성경으로 명확하고 쉽게 답변해 줍니다. 동시에 신앙생활을 시작하면서 갖게 되는 여러 가지 질문과 반감에 대해 잘 설명하면서 답을 제시해 줍니다. 또 오랜 시간 신앙생활을 했지만 복음의 감격을 경험하지 못하고 있는 사람들에게 그 이유를 알려 주면서 참된 복음의 기초를 깨닫게 해 주고 있습니다. 하나님의 뜻이 무엇인지 알고 싶은 사람, 계속 성장하고 변화되기를 원하는 사람 그리고 참된 복음의 기초를 쌓기 원하는 사람들의 필독서로 이 책을 추천하고 싶습니다. 스스로 외로운 그리스도인이라고 생각하는 사람, 예수는 믿지만 교회는 싫다고 하는 사람들이 이 책을 읽으면서 스스로 쌓은 담을 허물어 함께 웃고 울면서 행복한 신앙생활을 해 나가기를 원합니다.

○ **김인중** 안산동산교회 원로목사

쉽게 읽히면서도 고개가 끄덕여지게 하는 책이 실상은 오랜 시간의 경험과 단련 속에서 숙성되어 나온 깊이 있는 책이라는 사실을 사람들은 잘 알지 못합니다. 물고기에게 그를 둘러싼 물을 설명해 주는 것이 어렵듯이, 늘 우리에게 익숙해 있는 그 진리를 알기 쉽게 설명해 주는 것은 결코 쉬운 일이 아니기 때문입니다. 더구나 저자가 섬기는 은혜의동산교회는 늘 비신자들에게 다가가고, 그들을 복음으로 양육한 후 분립 개척하여 파송하는 모범적인 교회입니다. 이 책은 현장에서 직접 전도하고 양육하며 열매를 맺은 실전의 경험이 녹아든 내용입니다. 평소에도 가까이 지내는 목사님의 감탄스러운 재치와 통찰력이 이 책을 읽는 재미를 더해 줍니다. 기독교와 교회의 막연한 궁금증을 품은 수많은 사람들이 쉽게 이해할 수 있는 책입니다. 성도들을 복음의 기초부터 탄탄히 가르치려 고민하는 목회자와, 교회는 오래 다녔지만 복음의 기본기를 다지고 싶은 성도들, 아직까지 복음을 알지 못한 사람들에게 이 책은 귀한 선물이 될 것입니다.

○ **이인호** 더사랑의교회 담임목사

목회자는 좀 더 지적이기를 원하지만 신자의 영적 현실과는 늘 거리감이 있는 것 같습니다. 그 지점에서 발생하는 어려움은 고스란히 신자들의 몫입니다. 따라서 목회자는 신자의 불변적 미성숙이 힘들고, 신자는 자신의 부족함에 대한 불편함에 여전히 갇힙니다. 절실한 것은 과거부터 현재까지 신자들의 폐부에 가 닿아 그 몸에 스며들게 하는, 좀 더 선명하고 맑은 메시지가 실로 부족했다는 사실을 '정직하게 인정하는 것'입니다. 그리하여 그의 목회적 존재와 메시지가 이런 부족함을 메워 주기에 최적화된 이규현 목사님의 《복음 기초반》이 참 반갑습니다. 많은 교회에서 적절하고도 풍성한 유익을 얻으리라 확신합니다.

○ **정갑신** 예수향남교회 담임목사

이규현 목사님은 복음에 온 생애를 올인한 분입니다. 지역적으로 다문화 가정과 이주 노동자들에게 다가가려고 노력할 뿐 아니라 교회 개척을 돕고 지원하는 데도 최선을 다하는, 그야말로 복음의 전천후 사역자입니다.

이번에 두란노서원을 통해 복음의 기초를 다질 수 있는 귀한 책이 나오게 되어 큰 기쁨으로 생각합니다. 무엇보다 단순한 성경 공부 교재가 아닌, 다년간 복음의 현장에서 불철주야 경험하고 부딪히면서 체득한 내용들을 담고 있어 큰 도움이 될 것이라 생각됩니다. 또 쉽게 풀어 쓴 복음의 정수는 진리를 찾고자 헤매는 모든 구도자에게는 든든한 길잡이가, 교회 안에는 있지만 여전히 주님을 인격적으로 만나지 못하는 자들에게는 주님의 얼굴을 뵙는 안내서가 될 것이라 확신합니다. 복음 설교와 전도 설교가 조국 교회 강단에서 점차 사라지고 있는 안타까운 작금의 현실 속에서 이 책이 한줄기 귀한 이정표가 되기를 기대하며 기쁜 마음으로 추천합니다.

○ **최성은** 지구촌교회 담임목사

프롤로그

어떤 사람이 길을 가다가 아주 무서운 사자를 만났습니다. '걸음아 나 살려라' 하면서 정신없이 도망가다가 물이 없는 깊은 우물에 빠졌습니다. 다행히 우물 벽에서 자라고 있는 나뭇가지 하나를 붙들어서 바닥에 떨어지지는 않았습니다. 위를 올려다보니 사자가 아쉽다는 듯이 입맛을 다시고 있었습니다. 겨우 한숨을 돌리고 우물 바닥을 내려다보았더니 거기에는 큰 독사 한 마리가 똬리를 틀고 앉아 있었습니다. 위에는 사자가 있고 바닥에는 독사가 있으니 올라가지도, 내려가지도 못할 상황이 되었습니다. 그런데 어디에선가 사각사각하는 소리가 들렸습니다. 이건 또 뭔가 하고 보았더니 흰 쥐와 검은 쥐가 교대로 나와서 그가 붙들고 있는 나뭇가지를 갉아먹고 있었습니다. 이제는 꼼짝 않고 가만있어도 어차피 시간이 지나면 바닥으로 떨어져 독사에게 물릴 상황이었습니다. 얼굴이 하얗게 질려서 어쩔 줄 몰라 하던 그때, 나뭇잎 끝에 흐르고 있는 몇 방울의 꿀을 발견한 그는 그 꿀을 정신없이 핥아 먹었습니다. 자신의 형편을 잊어버린 채 말입니다.

톨스토이(Lev Nikolayevich Tolstoy)의 《참회록》에 나오는 이야기입니다. 톨스토이는 자기가 바로 그런 사람이라는 것을 깨달았습니다. 유명한 작가가 되어 사람들의 박수를 받으면서 살았는데 그게 죽음의 한복판에서 꿀을 빨아 먹는 사람의 모습과 같다는 것을 깨달은 것입니다. 흰 쥐와 검은 쥐는 낮과 밤을 상징하는 것이었습니다. 하루하루 지나가는 시간 속에서 언젠가는 맞닥뜨릴 죽음의 그림자를 느끼면서 절망하고 고민하다가 그는 결국 하나님께로 돌아왔습니다. 일종의 회심을 경험한 것입니다.

헤밍웨이(Ernest Hemingway)가 쓴 《노인과 바다》에도 비슷한 이야기가 나옵니다. 바다에 나가서 어마어마하게 큰 물고기를 잡은 노인이 그 물고기를 배에 묶고 돌아오다가 상어 떼를 만나 다 뜯어 먹히고 항구에 돌아왔을 때는 앙상한 뼈다귀만 남았다는 이야기입니다. 그 소설 속에 나오는 주인공이 알고 보면 작가 자신이었던 것입니다. 노벨 문학상을 받으면서 수많은 사람의 존경을 받고 살았지만, 결국 인생 마지막 항구에 도착해 보면 아무것도 아니라는 것을 소설 속에서 이야기한 것입니다. 그는 그 문제 앞에서 절망하다가 결국 스스로 목숨을 끊고 말았습니다.

많은 사람이 자신의 문제를 고민해 보지도 않고 꿀을 빨면서 살다가 인생을 마칩니다. 어떤 사람은 고민하지만 답을 찾지 못하고 절망합니다. 그러나 어떤 사람은 자신의 한계를 깊이 자각한 이후에 하나님께 돌아옵니다.

'인생은 어디서 왔다가 어디로 가는가?' '삶이 끝나면 나는 어떻게 되는가?' '어차피 죽음으로 끝날 인생인데 지금 사는 건 어떤 의미가 있는가?' 이런 수많은 문제로 고민하다가 자신의 힘으로 어떻게 할 수 없다는 것을 깨달은 사람은 초월적인 존재인 신에 대해 질문하게 됩니다. '과연 신이 있을까? 있다면 어떤 신일까? 그 신이 나하고 무슨 상관이 있을까? 나하고 상관이 있다면 나는 어떻게 그 신을 만날 수 있을까?' 이런 질문들을 하게 되는 것입니다.

그런데 문제가 있습니다. 내가 어떤 존재에 대해서 설명하려면 그 존재보다 좀 더 뛰어난 면이 있어야 합니다. 내가 누군가의 음악을 평가하려면 평가받는 사람보다 더 뛰어난 음악적 소양이 있어야 하는 것처럼 말입니다. 유치원 아이가 세계적 피아니스트의 연주를 듣고 "아이 재미없어"라고 말한다고 해서 그게 객관적인 평가라고 볼 수는 없을 것입니다.

마찬가지로 신에 대해서 고민할 때 우리는 아주 심각한 질문을 하게 됩니다. 우리의 이성으로 과연 신이 있는지 없는지, 그 신이 어떤 신인지, 내가 어떻게 해야 그 신을 만날 수 있는지에 관한 것들을 판단하고 결정할 수 있느냐는 것입니다. 결국 우리는 우리의 이성과 경험의 한계를 인정하지 않을 수 없게 됩니다.

기독교 신앙은 그런 인간에게 하나님이 다가오셨다고 말합니다. 사실 하나님이 자신을 보여 주지 않으시면 인간 스스로는 하나님을 알 수 없습니다. 성경은 하나님께서 자신이 어떤 존재인지를 보여 주신 책입니다. 수많은 사람이 이 성경을 통해서 하나님이 어떤 분이신지, 내가 누구인지, 내가 죽으면 어떻게 되는지를 알게 되었습니다. 그러다 보니 이 책이 베스트셀러가 된 것입니다.

많은 사람이 '그렇다면 나도 성경을 읽어 봐야겠다' 하며 성경을 펼칩니다. 하지만 그냥 성경을 읽는 것은 생각보다 어렵습니다. 낯선 곳을 여행하다 보면 많은 것을 보지만 그게 뭔지 모르고 지나칠 때가 많습니다. 그때 그곳의 역사적 의미, 배경지식을 설명해 주는 가이드가 있다면 훨씬 더 풍성한 여행을 하게 될 것입니다. 성경을 읽을 때도 마찬가지입니다. 누군가가 전체의 흐름을 설명해 준다면 훨씬 쉽게 성경에 다가갈 수 있을 것입니다.

이 책을 쓴 목적이 바로 그런 것입니다. 신을 찾는 사람들, 인생의 본질에 대해서 고민하는 사람들, 성경을 읽고 싶은데 막연한 사람들, 교회에 다니지만 내가 무엇을 믿는지 잘 모르겠다고 하는 사람들을 위해서 이 책을 썼습니다.

이 책은 총 10장으로 구성되어 있습니다. 그리고 각 장은 다섯 개의 과로 구성되어 있습니다. 하루에 한 과씩 5일간 읽으면 10주 동안 이 책을 다 읽게 되어 있습니다. 만일 누군가와 함께 이 책을 공부한다면 일주일에 한 번씩 만나 그 주에 읽은 내용을 같이 이야기하고 궁금한 것을 질문하게 되어 있습니다. 혼자서도 읽을 수 있고, 일대일로도 읽을 수 있습니다. 물론 소그룹으로 같이 나눔을 하면서 읽을 수도 있습니다.

진리를 찾는 이들에게 이 책이 작은 길잡이가 되면 좋겠습니다.

1

하나님은 모든 것을 알고,
모든 것을 할 수 있는 분이십니다.
하나님은 그 힘과 능력으로
온 세상을 다스리는 분이십니다.

하나님은
어떤 분이신가

>

무조건 믿는 게
아닙니다

　"지성(至性)이면 감천(感天)이다"라는 말을 들어 본 적이 있을 것입니다. 지극한 정성을 쏟으면 하늘이 감동한다는 말입니다. 그렇다면 여기서 말하는 '하늘'은 무엇일까요? 누가 감동한다는 것일까요? 사실 "지성이면 감천이다"라고 말하는 사람 중에 자신이 생각하는 하늘이 무엇인지를 깊이 생각하는 사람은 별로 없습니다. 중요한 것은 '내가 지성을 드리면 어떤 신(神)이든지 감동하지 않겠는가' 생각하는 것입니다.

　한 예로, 돼지머리를 올려 두고 고사를 지내는 사람들에게 지금 누구에게 고사를 지내는가 물어본다면 아마 대답을 못 하거나 여러 가지 대답을 할 것입니다. 고사를 지내는 사람들은 그게 누구이든 상관없다고 생각합니다. 그들에게 중요한 것은 '내가 얼마나 정성을 다하는가'입니다.

　그 옛날 새벽에 일어나 정화수를 떠 놓고 신령님께 정성을 바치던 할머니를 생각해 봅시다. 할머니가 섬기는 신령님은 어떤 분이냐고 묻는다면 하실 말씀이 없을 것입니다. 신령님이 어떤 분인지는 중요하지 않기 때문입니다. '이렇게 추운 날 목욕재계한 후 하루도 안 쉬고 비는데 내 소원을 들어주시겠지.' 이게 그 분들의 생각이었을 것입니다.

그런데 기독교에서는 절대로 무조건 믿으라고 하지 않습니다. 오히려 하나님이 어떤 분인지를 알고 믿어야 한다고 말합니다. 그런데 우리가 하나님을 알 수 있을까요? 우리가 하나님을 알려면 두 가지가 필요합니다. 첫째는, 하나님이 스스로 어떤 분인지를 알려 주셔야 합니다. 만일 하나님이 알려 주지 않으신다면 우리는 알 방법이 없습니다. 숨바꼭질할 때 다른 사람이 절대 찾지 못할 곳에 숨어 있으면 아무도 못 찾는 것처럼, 하나님이 자신을 감춘 채 숨어 계신다면 우리는 하나님을 알 수 없을 것입니다. 둘째는, 하나님이 자신을 알려 주실 때 그것을 볼 수 있어야 합니다. 아무리 태양이 찬란하게 빛나도 그것을 볼 수 있는 눈이 없다면 볼 수 없는 것과 마찬가지입니다.

그런데 다행히 하나님은 꼭꼭 숨어 계시는 분이 아닙니다. 하나님은 두 가지 방법으로 자신이 어떤 분인지를 알려 주셨습니다. 먼저는, 성경을 통해서 알려 주셨습니다. 하나님은 자신만 아는 언어로 알려 주신 것이 아닙니다. 인간들이 알아들을 수 있는 언어로 자신에 대해 알려 주셨습니다. 글자를 아는 사람이라면 특별한 전문 교육을 받지 않았어도 누구든지 하나님이 어떤 분인지를 알 수 있도록 사람들이 사용하는 언어로 알려 주셨습니다. 그렇기에 하나님이 어떤 분이신지 알려면 성경을 읽어 보면 됩니다. 성경 66권 안에는 하나님을 알 수 있는 지식이 가득합니다. 그리고 우리가 성경을 읽을 때 성경의 저자이신 성령님이 성경의 뜻을 깨닫게 해 주십니다.

그리고 또 하나, 하나님은 자연을 통해서 자신이 어떤 분인지를 알려 주셨습니다. 위대한 예술 작품을 보면 사람들은 작품 자체를 그리거나 만든 작가에 대해 알 수 있습니다. 그것처럼 하나님이 만드신 온 세상을 보면 하나님이 어떤 분이신지를 알 수 있습니다. 단 한 치의 오차도 없이 해가 뜨고 달이 뜹니다. 나무와 꽃과 하늘의 해와 달과 별들을 알면 알수록 이 놀라운 작품을 만드신 하나님이 어떤 분인지를 알 수 있습니다.

특별히 하나님이 만드신 인간이야말로 최고의 작품입니다. 한 생명이 자라나는 것을 보십시오. 맑은 눈동자와 옹알거림, 먹고 소화시키고 배변하는 전 과정을 보십시오. 더우면 땀을 흘려서 몸을 식히고, 추우면 떨면서 체온을 올리는 이 신비한 모습을 보십시오. 거기서 하나님의 세밀한 손길을 보게 되는 것입니다.

그런데 문제가 있습니다. 아무리 하나님이 자신을 알려 주셔도 그것을 볼 수 있는 눈이 열려 있지 않으면 볼 수 없다는 것입니다. 자연을 통해서 하나님을 아는 것에는 한계가 있습니다. 아무리 정교한 우주를 보아도, 인체의 신비를 보아도 거기서 하나님을 발견하지 못하는 사람이 많습니다. 세계적인 피아니스트의 연주를 들었어도 초등학생은 "별로인데 뭘"이라고 말할 수 있습니다. 그가 생각할 때는 〈나비야〉 같은 동요가 더 좋은 곡이기 때문에 피아니스트의 연주는 졸리기만 한 재미없고 시시한 연주로 들릴 것입니다. 주위 사람이 아무리 좋은 음악이라고 말해도 전혀 동의하지 않을 수 있습니다. 이렇게 자연을 통해서 하나님을 발견하기 어려울 때 성경은 우리의 안경 역할을 합니다. 어두워진 우리 눈을 밝혀 온 우주 가운데서 하나님의 손길을 발견하게 해 줍니다. 그래서 성경을 통해 눈이 좀 더 열리면 이전에 보이지 않던 자연을 통해서 알려 주시는 하나님을 더 잘 볼 수 있게 됩니다.

어떤 사람은 하나님이 있다는 것을 믿을 수 없다고 합니다. 그런 사람은 하나님이 있다고 믿는 것은 신앙이고, 하나님이 없다고 믿는 것은 과학이라고 생각합니다. 하지만 하나님이 없다고 믿는 것도 일종의 신앙입니다. 증명할 수 있는 것이 아닙니다. 사실 있다는 것을 증명하기도 어렵지만, 없다는 것을 증명하는 것은 훨씬 더 어렵습니다.

예를 들어, 한강 둔치에 금반지 하나가 있다는 것을 증명하려면 어떻게 해야 할까요? 한강 둔치를 샅샅이 뒤지면서 땅을 파 보아야 합니다. 그러다 중간에 금반지가 나오면 더 이상 땅을 파지 않아도 됩니다. 하지만 없다는 것을 증명하려면 단 한 뼘이라도 파 보지 않은 곳이 없어야 합니다. 거기에 있을지도 모르니 말입니다. 그런 의미에서 하나님이 없다는 것을 증명하기가 훨씬 더 어렵습니다. 광활한 우주 어느 한 곳이라도 확인하지 않고는 쉽게 없다고 말할 수 없습니다. 그런 의미에서 하나님이 없다고 믿는 믿음이 더 믿기 어려운 것을 믿는 것입니다.

어떤 사람은 하나님이 있는지 없는지 잘 모르겠다고 합니다. 그런데 잘 생각해 보면 모르겠다고 말하는 것은 없다고 말하는 것과 크게 다르지 않습니다. 어떤 형제가 자매에게 프러포즈를 했는데 자매가 "저는 Yes도 아니고 No도 아닙니다. 잘 모르겠어요"라고 한다면 잠시는 통할지 몰라도 영원히 통하지는 않을 것입니다. 한 30년쯤 모르겠다고 한다면 그것은 프러포즈를 거절하는 것이나 마찬가지입니다. 하나님이 있는지 없는지 모르겠다는 말도 넓은 의미에서 없다고 생각하는 것과 크게 다르지 않을 것입니다.

그런가 하면 믿고 싶은데 잘 안 믿어진다는 사람도 있습니다. 믿음이란 무엇을 믿어야 할지 믿음의 내용을 아는 것과 믿고 싶다는 의지가 필요합니다. 그러나 마지막 순간 믿음을 주시는 분은 하나님이십니다. 조급하게 생각하지 말고 이 책을 읽으면서 천천히 따라가다 보면 어느 순간 하나님께서 당신의 마음에 믿음을 주실 것입니다.

천지를 창조하신
하나님

성경을 펼치면 제일 먼저 나오는 책이 창세기입니다. 창세기 1장 1절에는 이렇게 기록되어 있습니다. "태초에 하나님이 천지를 창조하시니라." 처음 성경을 펴는 사람은 적잖이 당황하게 됩니다. 워낙 엄청난 이야기가 성경 제일 앞에 나오기 때문입니다. 누군가를 이해시키고 설득하기 위해서 뜸을 들이지 않고 바로 선포합니다. 하나님이 천지, 그러니까 온 세상을 창조하셨다고 말입니다.

사실 우주가 어떻게 생겼는지를 설명하는 다양한 의견이 있지만, 거대한 우주 속에서 먼지만큼도 안 되는 인간이 우주를 설명하는 것 자체가 무리입니다. 인간이 관찰할 수 있는 우주의 크기는 400억 광년이라고 합니다. 말로는 간단하지만 빛의 속도로 400억 년을 달려야 도달하는 거리입니다. 저 어마어마한 우주 속에서 우리 지구가 속해 있는 은하계는 한 점도 안 됩니다. 그 은

하계 안에서 태양계 역시 한 점도 안 됩니다. 그 태양계 안에 있는 지구도 태양계에서 보면 한 점도 안 됩니다. 하물며 그 안에 위치한 지구에 살고 있는 인간이라는 존재는 광활한 우주에서 작은 먼지만도 못한 존재처럼 보입니다. 그런데 그런 존재인 인간이 우주를 설명하는 것이 가능할까요? 인간이 관찰 가능한 별 중에서 제일 큰 별은 '스티븐슨 2-18'입니다. 이 별의 크기는 태양과 비교했을 때 반지름은 2,150배, 부피는 약 100억 배로 추정된다고 합니다. 지구 부피의 1경 2천조 배라고 하니, 그 안에 살고 있는 인간은 한 점도 되지 않는 존재입니다. 그런 인간이 우주가 어떻게 생겼는지를 설명하는 것 자체가 무리가 아닐까요? 성경은 우주가 어떻게 생겼는지를 여러 이론으로 설명하지 않고 단 한마디로 하나님이 창조하셨다고 말합니다.

사실 이것은 과학적으로 검증할 수 있는 것이 아닙니다. 그냥 믿는 것입니다. 누군가는 빅뱅으로 우주가 생겼다고 믿는 것이고, 그리스도인들은 하나님이 만드셨다고 믿는 것입니다. 하나는 과학이고 하나는 신앙이 아니라, 둘 다 신앙입니다. 둘 다 믿는 것입니다. 너무 큰 물건을 작은 상자 안에 담으면 무언가가 밖으로 자꾸 삐져나옵니다. 인간의 좁은 생각으로 우주의 기원을 설명하려고 하면 설명되지 않는 것들이 자꾸 삐져나옵니다.

보통 뛰어난 예술 작품을 보면 그 작가가 어떤 사람인지 짐작이 갑니다. 그 사람이 무엇을 좋아했는지, 어떤 생각을 가지고 있었는지, 세상을 어떻게 바라보았는지 작품을 보면서 작가를 알 수 있습니다. 그런 의미에서 하나님이 만드신 세상을 보면 하나님이 어떤 분이신지 짐작이 갑니다. 한 치의 오차도 없이 움직이는 이 거대한 우주를 보십시오. 우리는 해가 몇 시에 떠서 몇 시에 질지 정확하게 알 수 있습니다. 오늘은 사정이 있어서 좀 늦게 뜨고 내일은 좀 일찍 뜨는 일은 없습니다. 해와 달과 별들이 궤도를 따라 움직이다가 서로 부딪히거나 너무 많은 별이 몰리는 바람에 정체를 빚는 일도 없습니다. 우리는 이를 통해 이런 우주를 만드신 하나님이 얼마나 대단한 분이신지를 짐작할 수 있습니다.

하늘에서 해가 비치고 비가 내리면 식물들은 그 아래에서 무럭무럭 자랍니다. 그 풀들을 뜯어 먹는 동물이 있고 그 사이에서 사람들이 살아갑니다. 하나님이 처음 만드신 세상은 너무나도 질서정연하고 아름다웠습니다. 그 세상을 만드신 하나님도 자신이 창조한 세상을 보면서 참 보기 좋다고 하셨습니다.

하나님은 6일 동안 천지를 만들고 7일째에는 쉬셨습니다. 하나님께서 이렇게 쉬신 것은 우리에게도 그런 쉼을 주시기 위해서입니다. 쉼 없이 계속 일하는 것은 하나님의 질서와 어울리지 않습니다. 일할 때는 열심히 일해야 하지만, 쉴 때는 충분히 쉬어야 합니다.

이런 하나님의 천지 창조 중에서 가장 하이라이트는 인간을 만드신 것이었습니다. 하나님은 완벽한 세상을 만들고 맨 나중에 인간을 만드셨습니다. 하나님이 만드신 완벽한 세상에 인간이 자리를 잡자 하나님은 너무 기뻐하셨습니다. 하나님은 인간을 아주 특별하게 만드셨습니다. 하나님을 닮은 존재로 만드신 것입니다. 사람들은 원숭이나 오랑우탄을 보면서 인간과 닮았다고 생각합니다. 하지만 하나님은 인간 외에 그 어떤 동물도 하나님을 닮은 존재로 만들지 않으셨습니다. 오직 인간만을 하나님을 닮은 존재로 만드셨습니다. 그래서 인간은 하나님의 여러 성품을 닮았습니다. 인간이 사랑하거나 자비를 베풀고 용서할 수 있는 것은 하나님의 성품을 닮았기 때문입니다. 그뿐만이 아니라 하나님을 닮아 새로운 것을 만들고 발전시킬 수 있는 능력도 갖게 되었습니다.

하나님은 이렇게 멋지게 만든 인간에게 세상을 다스리고 관리하는 역할을 맡기셨습니다. 원래는 하나님이 하시는 일인데 그 일을 인간에게 위임하신 것입니다. 그래서 인간은 사자보다 힘이 약하고 독수리처럼 하늘을 날거나 물고기처럼 물속에 오래 머물 수 없음에도 불구하고 그것들을 다스릴 수 있게 되었습니다.

보통 위대한 작품의 가치는 작가가 누구인가에 의해서 결정됩니다. 〈황소 머리〉(Tête de taureau)라는 피카소(Pablo Picasso)의 설치 작품을 본 적이 있습니까? 자전거 안장을 가운데 두고 핸들을 황소의 뿔처럼 배치한 다음 〈황소 머리〉라는 제목을 붙인 작품입니다. 그런데 이 작품이 영국의 경매 시장에서 293억 원에 낙찰되었다고 합니다. 하지만 만일 우리가 집에 있는 자전거 안장과 핸들을 빼서 그런 작품을 만든다면 아무도 거들떠보지 않을 것입니다. 작가가 작품을 빛나게 하는 것입니다. 그런 의미에서 우리가 위대한 작가이신 하나님의 작품임을 믿는다면 우리 자신이 너무나도 소중하고 특별한 존재라는 것을 알 수 있을 것입니다. 우리는 단지 동물이 진화해서 생겨난 것보다 좀 더 나은 존재가 아닙니다. 우리는 하나님을 닮은 존재, 하나님께서 가장 특별하게 만드신 존재입니다. 우리의 학벌이나 재산, 키와 외모가 어떠하든지 우리는 하나님이 만드신 최고의 작품입니다. 우리의 자존감은 우리가 무엇을 가졌는가에 의해서 결정되지 않습니다. 우리가 하나님이 만드신 위대한 작품이라는 것을 제대로 깨달을 때, 우리는 자존감을 가지고 당당하게 살아갈 수 있습니다.

온 우주를 통치하시는 하나님

　　당신은 '하나님'이라고 하면 어떤 이미지가 떠오릅니까? 사람은 저마다 하나님에 대한 자기만의 이미지를 가지고 있습니다. 그러나 중요한 것은 '우리가 어떤 하나님을 상상하는가'가 아니라, 성경에서 말하는 하나님이 어떤 하나님인가 하는 것입니다. 사실 옛날 우리 할머니들도 하나님이라고는 하지 않았지만, 막연히 신을 믿고 있었습니다. 할머니들이 새벽에 일어나서 정화수를 떠 놓고 빌던 신들은 대단한 능력은 없지만 사람들 가까이에서 실제적인 도움을 주는 신이었습니다. 한 예로, 삼신할머니는 아이가 생기는 것을 도와주는 신입니다. 그런가 하면 부엌 아궁이에 불이 안 꺼지게 하는 신도 있고, 장독대의 장이 상하지 않게 해 주는 신도 있다고 믿었습니다. 이런 신들은 인간과 굉장히 가까이 있지만 실제로 대단한 능력을 가진 신은 아닙니다. 삼신할머니는 아이 낳는 것 외에 다른 일을 할 능력은 없습니다.

산신령은 어떻습니까? 예를 들어, 지리산 산신령이라고 하면 지리산을 관할하는 신령일 뿐, 다른 산까지 돌아보지는 않습니다. 그리스나 로마 신화에 나오는 신들도 인간보다 약간 더 힘이 세긴 하지만 인간과 비슷합니다. 인간처럼 사랑하고, 서로 미워하고 복수하는 고만고만한 신들입니다.

중세 유럽에서 신의 파워에 눌려 있던 사람들이 계몽주의를 거치고 과학이 발달해 가는 것을 보면서 신을 좀 우습게 여기기 시작했습니다. 그래서 나온 이론이 '이신론'(Deism)입니다. 하나님이 천지를 만드시기는 했지만 더 이상 세상을 돌아보지는 않는다고 생각했습니다. 마치 시계공이 시계를 만든 다음 태엽을 감아 두면 시계가 저절로 돌아가듯이, 이 세상도 하나님이 그렇게 돌아가게 만들어 두셨다는 것입니다. 다른 말로 하면, 하나님이 굳이 인간의 삶에 개입하시지 않아도 인간들이 알아서 잘 살 수 있다고 생각한 것입니다.

그러나 성경에서 말하는 하나님은 그렇게 있으나 마나 한 신이 아니십니다. 온 우주를 통치하는 능력의 하나님이십니다. 시편 97편 1-6절을 보십시오.

"여호와께서 다스리시나니 땅은 즐거워하며 허다한 섬은 기뻐할지어다 구름과 흑암이 그를 둘렀고 의와 공평이 그의 보좌의 기초로다 불이 그의 앞에서 나와 사방의 대적들을 불사르시는도다 그의 번개가 세계를 비추니 땅이 보고 떨었도다 산들이 여호와의 앞 곧 온 땅의 주 앞에서 밀랍같이 녹았도다 하늘이 그의 의를 선포하니 모든 백성이 그의 영광을 보았도다."

하나님은 온 세상을 만드셨을 뿐만 아니라 능력과 권능으로 온 세상을 통치하는 분이십니다. 위의 말씀에는 시적인 표현들이 가득합니다. '대적들을 불사르시는도다', '그의 번개가 세계를 비추니 땅이 보고 떨었도다', '산들이 … 주 앞에서 밀랍같이 녹았도다'라는 말은 시적인 표현들로, 하나님이 얼마나 엄청난 능력을 가지고 계시는지를 말하는 것입니다.

하나님은 그런 능력으로 하늘의 해와 달과 별들이 한 치의 오차도 없이 돌아가도록 하십니다. 그뿐 아니라 그분은 역사의 주인이십니다. 거대하고 힘 있는 나라를 망하게도 하시고, 새로운 나라를 일으키기도 하는 분이십니다. 그 하나님은 사람들 한 명, 한 명의 인생을 주관하십니다. 가난하게도 하시고, 부하게도 하시고, 낮추기도 하시고, 높이기도 하십니다.

하나님은 모든 것을 알고, 모든 것을 할 수 있는 분이십니다. 하나님은 그 힘과 능력으로 온 세상을 다스리는 분이십니다. 옛날 할머니들이 생각했던 고만고만한 신이 아니십니다.

그런데 살다 보면 가끔 우리 인생에 원하지 않는 어떤 어려움이 생기지 않습니까? 그때 사람들은 이렇게 불만을 표합니다. "하나님이 계시다면 왜 나를 돌보시지 않는 거지?" 거기에 대해서 로마서 8장 28절은 이렇게 말씀합니다.

"우리가 알거니와 하나님을 사랑하는 자 곧 그의 뜻대로 부르심을 입은 자들에게는 모든 것이 합력하여 선을 이루느니라."

지금 당장에는 힘들고 어렵고 눈물 나지만, 하나님은 이런 어려운 상황들을 통해서 우리를 더욱더 단련시키고 다듬으셔서 가장 좋은 길로, 가장 복된 길로 인도해 주는 분이십니다. 그래서 시편 37편 5절에서는 이렇게 말씀합니다.

"네 길을 여호와께 맡기라 그를 의지하면 그가 이루시고."

우리가 우리의 짐을 지고 고민하면서 끙끙대는 대신 그 짐을 하나님께 맡기라는 것입니다. 그때 하나님께서 가장 좋은 길로 우리의 삶을 인도해 주실 것입니다.

나와 함께하시는 하나님

보통 인간 세상에서 큰일을 하는 사람은 가족들을 잘 챙길 여유가 없습니다. 독립 운동하는 아버지를 둔 자녀들은 거의 아버지 구경을 못 하지 않았습니까? 그렇다면 하나님은 어떠실까요? 온 우주를 통치하고 인간의 역사를 책임지시는 하나님은 우리 개인의 삶에 얼마나 관심을 가지고 계실까요? 그럴 만큼 여유가 있으실까요?

만일 하나님이 엄청난 능력을 가지고 계시긴 하지만 우리 한 사람, 한 사람을 돌볼 여유가 없으시다면 하나님이 엄청난 능력을 가지신 분이라는 것이 큰 의미가 없을 것입니다. 능력이 많으면 뭐 합니까? 그 하나님이 내 삶에 별로 관심이 없고 내 삶에 개입하지도 않으신다면 하나님은 그저 가까이하기에는 너무 먼 당신이 되고 마는 것입니다.

그렇다면 성경에서는 뭐라고 이야기할까요? 시편 33편 13-15절을 보십시오.

"여호와께서 하늘에서 굽어보사 모든 인생을 살피심이여 곧
그가 거하시는 곳에서 세상의 모든 거민들을 굽어살피시는도
다 그는 그들 모두의 마음을 지으시며 그들이 하는 일을 굽어살
피시는 이로다."

하나님은 이 세상이 알아서 돌아가게 내버려 두는 분이 아니십
니다. 하나님은 하늘에서 굽어살피는 분이십니다. 우리가 어떤
삶을 살고 있는지, 무엇 때문에 힘들어하는지 굽어살피십니다.
온 우주를 다스리고 돌보시는 하나님께서 우주의 한 점, 먼지 같
은 우리의 삶에 구체적으로 개입해서 우리를 도와주고 붙들어 주
신다는 것입니다.

그렇다면 어떻게 우리를 돌아보시는지 좀 더 구체적으로 알아
봅시다. 시편 139편 1-4절을 보십시오.

"여호와여 주께서 나를 살펴보셨으므로 나를 아시나이다 주께
서 내가 앉고 일어섬을 아시고 멀리서도 나의 생각을 밝히 아시
오며 나의 모든 길과 내가 눕는 것을 살펴보셨으므로 나의 모든
행위를 익히 아시오니 여호와여 내 혀의 말을 알지 못하시는 것
이 하나도 없으시니이다."

앞의 말씀에서 '알다'라는 동사가 나오는 곳에 동그라미를 쳐 봅시다. 하나님은 무엇 무엇을 알고 계십니까? '내가 앉고 일어섬'을 아십니다. '나의 생각'도 아십니다. '나의 모든 길과 내가 눕는 것'을 보고 계시기 때문에 '나의 모든 행위'를 너무나도 잘 아십니다. 내가 무슨 말을 하는지 '내 혀의 말'도 다 알고 계십니다.

당신은 '하나님이 나를 아신다'는 말을 들을 때 힘이 납니까, 아니면 부담이 됩니까? 두 가지 면이 다 있을 것입니다. 아무도 모르게 하는 나쁜 생각을 아신다면 좀 부담이 됩니다. 하지만 아무도 몰라주는 내 마음을 하나님이 알아주신다면 이것처럼 힘이 되는 일이 어디 있겠습니까? 하나님은 세상이 알아서 돌아가도록 내버려 두는 분이 아니십니다. 우리 삶에 깊이 개입해서 때로는 눈물을 닦아 주고, 때로는 등을 두드려 주는 분이십니다. 이 세상에 우리 마음을 알아주는 사람이 단 한 명도 없다고 해도 절망할 필요 없습니다. 하나님께서 우리 마음을 알아주시기 때문입니다.

계속해서 시편 139편 7-10절을 보십시오.

"내가 주의 영을 떠나 어디로 가며 주의 앞에서 어디로 피하리이까 내가 하늘에 올라갈지라도 거기 계시며 스올에 내 자리를 펼지라도 거기 계시니이다 내가 새벽 날개를 치며 바다 끝에 가서 거주할지라도 거기서도 주의 손이 나를 인도하시며 주의 오른손이 나를 붙드시리이다."

앞의 말씀에서 하나님은 내가 어디로 가든지 거기 계시는 분이라고 말합니다. 내가 하늘에 올라가는 것처럼 기쁘고 신나는 순간에도 하나님은 내 곁에서 나와 기쁨을 함께하는 분이십니다. 반대로 스올이라 부르는 절망의 자리, 실패해서 죽고 싶은 자리에 가 있어도 하나님은 거기에서 나와 함께하는 분이십니다. 때로 바다 끝이라 할 수 있는 먼 곳, 아는 사람이 아무도 없는 낯선 곳에 가 있을 때도 하나님은 그곳에서 나와 함께 계시는 분이십니다. 거기서 무엇을 하고 계십니까? 거기서도 나를 인도하시고, 하나님의 오른손으로 나를 붙들고 계십니다.

하나님이 아무리 대단한 분이라고 해도 나와 별로 상관이 없는 분이라면 그냥 멀리서 바라보기만 할 뿐일 것입니다. 그러나 하나님은 그런 분이 아니십니다. 온 세상을 다스리는 능력의 하나님이신 동시에 내 곁에서 함께하며 내 아픔과 슬픔을 공감해 주는 분이십니다.

그 하나님은 지금도 가장 강한 능력의 팔로 우리를 감싸고 계십니다. 동시에 말할 수 없는 따뜻한 눈빛으로 우리를 바라보고 계십니다. 하나님은 그런 분이십니다.

공의롭고 사랑 많으신 하나님

　　요즘 '사랑'이라는 말처럼 남용되는 말도 없을 것입니다. 웬만한 노랫말에는 사랑이라는 말이 들어갑니다. 드라마나 영화의 주제에도 사랑이 빠지지 않습니다. 그러나 사람들이 생각하는 사랑은 대개가 조건적입니다. '네가 나를 사랑하면 나도 너를 사랑하겠다.' '네가 나를 사랑하지 않는데 내가 왜 너를 사랑해?' 이것이 보통 세상이 말하는 사랑입니다. 아니면 사랑을 육체적 쾌락 정도로 생각하는 경우도 많습니다. 그런 사랑은 시간이 지날수록 시시해집니다. 그렇게 뜨겁게 사랑해서 결혼한 부부가 10년, 20년 살다 보면 사랑은 온데간데없고 의무로 같이 사는 경우도 많습니다.

　　그런데 성경에서 말하는 하나님의 사랑은 이런 인간의 사랑과는 완전히 구별됩니다. 하나님의 사랑의 특징을 한마디로 말하면 '조건 없는 사랑'입니다. 우리가 하나님이 좋아하시는 어떤 행동을 할 때 그것 때문에 사랑하는 것이 아니라, 문제투성이요, 하나님을 멀리 떠나 있음에도 불구하고 우리를 사랑해 주시는 분이 하나님이십니다.

그런데 그분의 또 다른 성품이 있습니다. 하나님은 공의로운 분이라는 것입니다. '공의'와 '사랑'은 공존하기가 쉽지 않습니다. 공의는 죄에 대해서 엄격하게 벌하는 것을 포함합니다. 만일 우리의 많은 문제를 공의라는 측면에서 본다면, 하나님은 그 잘못에 대해서 엄격하게 심판하셔야 합니다. 그런데 한편 하나님은 사랑이시라 하나님은 그 사랑으로 우리를 용서해 주셔야 합니다. 이렇게 이 두 성품은 서로 부딪히고 상충됩니다. 하나님은 이것을 해결하기 위해서 아주 힘든 결정을 하셨습니다. 요한복음 3장 16절을 보십시오.

"하나님이 세상을 이처럼 사랑하사 독생자를 주셨으니 이는 그를 믿는 자마다 멸망하지 않고 영생을 얻게 하려 하심이라."

원래 인간은 자신의 죄로 인해 공의로운 하나님 앞에서 멸망받아야 마땅합니다. 그러나 하나님은 공의로운 동시에 사랑이 많은 분이셔서 우리가 받아야 할 엄청난 형벌을 자신의 아들이 받도록 하셨습니다.

당신은 혹시 예수님이 십자가를 지신 이야기를 들어 본 적이 있습니까? 하나님은 우리가 받아야 할 무서운 형벌을 자신의 아들인 예수님이 대신 받게 하셨습니다. 그 아들이 십자가에서 처참하게 죽는 대신 우리의 모든 죄를 용서해 주셨습니다. 쉽게 말해서, 우리를 구원하기 위해 자기 아들을 희생시키신 것입니다. 이처럼 하나님이 우리를 사랑한다고 말씀하시는 것은 사람들이 흔히 말하는 그런 사랑이 아닙니다. 자기의 아들을 희생시키면서까지 우리를 품어 주시는 눈물 나는 사랑입니다.

예수님이 십자가에서 "나의 하나님, 나의 하나님, 어찌하여 나를 버리셨나이까"(마 27:46)라고 부르짖을 때 하나님은 얼굴을 돌리고 말았습니다. 이렇게 엄청난 희생을 통해서 용서받은 우리를 하나님은 자기 아들딸로 받아 주셨습니다. 우리가 하나님의 양자가 된 것입니다. 다시 말하면, 하나님은 자기 아들과 우리를 맞바꾸신 것입니다. 자기 아들을 희생시키는 대신 우리를 하나님의 아들딸로 받아 주신 것입니다.

가끔 보면 부모가 자녀를 버리는 경우가 있습니다. 버리지는 않았지만, 자녀의 가슴에 대못이 박히도록 엄청난 상처를 주는 경우도 있습니다. 본인의 삶이 워낙 팍팍해서 그랬겠지만 당한 자녀의 입장에서는 말할 수 없는 상처가 되었을 것입니다. 그런데 하나님은 그런 사람들을 향해서 두 팔을 벌려 "너는 내 아들이고 딸이다"라고 말씀해 주십니다.

시편 27편 10절을 보십시오.

"내 부모는 나를 버렸으나 여호와는 나를 영접하시리이다."

하나님의 사랑은 그냥 말로 하는 사랑이 아니었습니다. 문제투성이인 우리를 아들과 딸로 받아 주시기 위해서 하나뿐인 아들인 예수님을 희생시키기까지 하는 행동하는 사랑이었습니다. 이렇게 우리를 아들딸로 받아 주셨기에 지금도 여전히 말할 수 없는 사랑으로 우리를 붙들고 계십니다. 그래서 우리는 아버지이신 하나님께 당당히 나아가 기도할 수 있게 되었습니다. 자식이 부모에게 당당히 이야기하듯이, 우리도 우리의 아버지, 우리를 가장 사랑하시는 하나님께 당당히 나아가 이야기할 수 있는 것입니다. 그때 하나님은 귀를 기울이고 우리의 기도를 들어주십니다.

세상 사람이 믿는 신은 주로 두려운 대상입니다. 신에게 잘못 보이면 엄청난 재앙을 내립니다. 그러다 보니 신을 좋아하거나 존경해서 섬기는 것이 아니라, 자기에게 무엇인가 해를 끼칠까 봐 두려워서 섬기는 경우가 많습니다. 그러나 하나님은 가장 따뜻한 사랑으로 우리를 품고 기다려 주는 아버지이십니다.

지금도 우리가 아버지의 품을 떠나 제멋대로 살아갈 때, 아버지는 두 팔 벌려 우리를 기다리고 계십니다. 힘든 세상에서 지치고 힘들 때 아버지께로 돌아가는 사람은 아버지의 품에서 참된 쉼을 얻게 될 것입니다.

1. 당신은 지금까지 하나님에 대해 어떤 생각을 하고 있었습니까? 아래 보기 중 가장 비슷한 것을 골라 보십시오.

    1) 신은 있다
    2) 신은 없다
    3) 모르겠다

2. 성경이 말하는 것처럼 당신은 하나님께서 특별하게 만드신 소중한 존재라고 생각합니까?

3. 당신이 생각했던 하나님과 성경이 말하는 하나님 사이에는 어떤 차이가 있습니까?

4. 성경은 온 우주의 통치자이신 하나님이 당신의 모든 삶을 알고 계시고 당신과 늘 함께하기를 원하신다고 말합니다. 이런 말이 당신에게는 힘이 됩니까, 아니면 좀 부담스럽습니까?

5. 하나님은 가장 공의로운 동시에 가장 사랑이 많은 분이십니다. 하나님의 공의와 사랑이 만나는 곳이 십자가입니다. 당신은 십자가의 이야기를 읽으면서 어떤 생각이 들었습니까?

하나님은 가장 따뜻한 사랑으로

우리를 품고 기다려 주는 아버지이십니다.

힘든 세상에서 지치고 힘들 때

아버지께로 돌아가는 사람은

아버지의 품에서 참된 쉼을 얻게 될 것입니다.

2

성경의 가르침은 아주 명확합니다.
단 한 사람의 예외도 없이
모든 인간은 죄인이며,
그 죄의 결과는 죽음이라는 것입니다.

죄란
무엇인가

에덴동산에서
무슨 일이

하나님께서 천지를 창조하실 때 특별히 창조한 존재가 인간입니다. 하나님은 인간을 자신을 닮은 존재로 만드신 다음 너무 기뻐하고 좋아하셨습니다.

하나님은 최초의 인간인 아담과 하와를 에덴동산에 살게 하셨습니다. 에덴동산은 모든 것을 갖춘 아름다운 곳이었습니다. 하나님은 아담과 하와에게 그곳에 있는 모든 열매를 먹으면서 에덴동산을 관리하고 경작하게 하셨습니다. 그런데 에덴동산의 많은 열매 중에서 오직 한 가지, 선과 악을 알게 하는 나무의 열매는 먹지 말라고 하시면서 그것을 먹는 날에는 반드시 죽을 거라고 말씀하셨습니다.

그러던 어느 날, 사탄이 뱀을 통해 하와를 유혹했습니다. 동산 중앙에 있는 선과 악을 알게 하는 나무의 열매를 먹으면 눈이 밝아져서 하나님과 같이 된다고 한 것입니다. 하나님이 절대로 먹지 말라 하셨고, 먹는 날에는 반드시 죽을 거라고 하신 그 열매를 먹으라고 꼬드긴 것입니다. 그 꼬임에 넘어간 하와는 결국 그 열매를 따 먹었습니다. 그리고 그 열매를 자기 남편 아담에게도 주어서 먹게 했습니다. 결국 두 사람 다 그 열매를 먹으면서 하나님과의 약속을 깨뜨렸습니다. 하나님은 그들을 에덴동산에서 쫓아내셨고, 다시는 하나님께 가까이 오지 못하게 하셨습니다.

어떤 사람은 겨우 과일 하나 먹은 것 가지고 너무 가혹한 벌을 주는 게 아닌가 하는 생각을 할 수도 있을 것입니다. 그런데 선악과를 먹은 사건은 단지 과일 하나를 먹은 이야기가 아니라, 하나님이 만드신 인간이 자기를 창조하신 하나님과 같은 위치에 올라가려고 한 사건입니다. 한마디로 하나님께 반역한 것입니다.

그렇다면 오래전에 있었던 이 사건이 지금 우리와 무슨 상관이 있는 것일까요? 아담은 인간의 대표였습니다. 그러니 선과 악을 알게 하는 나무의 열매를 먹는 날에는 반드시 죽으리라고 한 하나님과의 약속은 아담 한 사람에게만 해당되는 이야기가 아니라, 아담의 후손으로 태어나는 모든 사람에게 해당되는 일인 것입니다. 마치 우리나라 국가 대표 선수가 외국과의 경기에서 이기면 우리는 그 경기에 참여하지 않았어도 그 승리를 우리의 승리라고 하고, 패배하면 우리의 패배라고 하는 것처럼 말입니다. 이처럼 인간의 대표인 아담의 범죄 결과가 모든 인간에게 미치게 된 것입니다. 그래서 인간은 태어나면서부터 죄의 멍에를 짊어지고 있다고 볼 수 있습니다.

어쩌면 이런 이야기가 매우 불편하게 들리는 사람도 있을 것입니다. 왜 아담이 잘못한 것 때문에 우리에게 멍에가 씌워지는가 하는 생각을 할 수도 있습니다. 그런데 우리 자신을 돌아보면 아담을 원망할 형편이 못 됩니다. 아담이 지은 죄 말고도 우리 자신이 지은 죄가 너무 많기 때문입니다. 물론 '나는 법 없이도 살 사람이다', '나는 특별히 나쁜 짓을 한 적이 없다'라고 생각하는 사람이 있을 수 있습니다. 그런데 예수님은 우리가 마음속으로 짓는 죄도 똑같다고 말씀하셨습니다. 사람을 죽인 살인죄나 누구를 미워하는 거나 똑같다고 하셨습니다. 지나가는 여인을 보고 음란한 마음을 품는 것과 실제로 간음한 것을 같은 죄로 보셨습니다. 그런 관점에서 본다면 이 세상에 죄가 없는 사람은 한 명도 없을 것입니다.

그런 의미에서 인간에게는 두 가지 면이 있습니다. 하나님께서 자신을 닮도록 만드신 너무나도 아름답고 멋진 존재라는 것과, 죄로 인해 하나님과의 관계가 깨어져 엉망이 된 존재라는 두 가지 면을 다 가지고 있는 것입니다.

많은 사람이 늙고 병들고 수많은 문제로 고통당하다가 어느 순간 죽어야 하는 힘든 삶을 살면서 왜 이런 일이 일어나는 것일까 궁금해 합니다. 성경은 바로 죄 때문이라고 답합니다. 아담이 범죄하기 전에 인간은 가장 행복하고 아름다운 삶을 살고 있었습니다. 그러나 범죄하면서 그 모든 행복을 잃어버리고 비참한 삶으로 전락하게 된 것입니다.

왜 선악과를
만드셨는가

　많은 사람이 선악과 이야기를 들으면서 의문을 갖습니다. 몇 가지 중요한 질문이 있는데, 첫째는, 하나님은 왜 죄를 만드셨느냐는 것입니다. 하나님이 죄를 만들지 않으셨다면 죄지을 일도 없었을 것이 아니냐는 것입니다. 둘째는, 하나님은 왜 선악과를 만드셨느냐는 것입니다. 선악과를 만들지 않으셨다면 따 먹을 일도 없었을 텐데, 괜히 만들어 놓고 먹지 말라고 하니 궁금해서 먹어 본 것이 아니냐는 것입니다. 셋째는, 하나님은 왜 인간을 유혹에 넘어가게 만드셨느냐는 것입니다.

　먼저, '하나님은 왜 죄를 만드셨는가'라는 질문을 살펴봅시다. 당신은 죄가 무엇이라고 생각합니까? 죄는 선악과 속에 들어 있는 어떤 성분이 아닙니다. 아담과 하와가 선악과를 따 먹을 때 선악과 속에 있는 죄라는 성분이 그들을 오염시킨 것이 아니라는 말입니다. 죄는 하나님이 만드신 것이 아니라, 하나님과 우리 사이의 관계 속에서 나오는 것입니다. 사람과 사람 사이에서도 죄를 지을 수 있습니다. 내가 다른 누구에게 피해를 입힌다면 그 사람에게 죄를 짓는 것이 됩니다. 하나님과 우리 사이에서도 마찬가지입니다. 하나님이 하라고 하신 것을 하지 않는 것 그리고 하지 말라고 하신 것을 하는 것이 죄입니다. 그러니 하나님이 죄를 만드신 것이 아니라, 인간이 하나님의 명령을 어길 때 그것이 죄가 되는 것입니다. 한마디로 요약하면, 불순종이 죄입니다.

둘째로, '하나님은 왜 선악과를 만드셨는가'라는 질문에 대해 생각해 봅시다. 하나님이 선악과를 만들지 않으셨다면 그것을 먹을 일도 없고 죄를 지을 일도 없을 것이라고 생각하는 사람이 있습니다. 그런데 선악과가 있건 없건 이것은 죄를 짓는 것과 아무 상관이 없습니다. 앞에서 말한 대로, 죄는 하나님께서 하라고 하신 것을 하지 않거나, 하지 말라고 하신 것을 하는 것입니다. 예를 들어, 하나님께서 아담에게 동물들의 이름을 지어 주라고 하셨는데 이를 거절하고 하지 않는다면 그게 곧 죄가 되는 것입니다. 그러니 선악과 때문에 죄를 짓거나 안 짓는 것이 아니라는 것입니다.

그렇다면 선악과는 어떤 역할을 하는 것일까요? 사람이 죄를 짓고 있음을 보여 주는 역할을 합니다. 방 안에 있는 온도계가 섭씨 25도를 가리킨다면 온도계가 방 안 온도를 25도로 만든 것이 아니라, 방 안 온도가 25도라는 것을 보여 주는 것입니다. 선악과의 역할도 그런 것입니다. 인간이 하나님의 말씀을 어기고 죄를 짓고 있다는 것을 보여 주는 역할을 하는 것입니다.

마지막으로, '하나님은 왜 인간을 유혹에 넘어가게 만드셨는가'라는 질문에 대해 생각해 봅시다. 절대 죄를 짓지 않고 완벽하게 순종하는 것은 로봇입니다. 로봇은 절대로 불순종하지 않습니다. 하지 않는 것이 아니라 불순종할 능력이 없습니다. 그런데 하나님은 인간을 로봇으로 만들지 않으셨습니다. 그리고 순종과 불순종을 모두 할 수 있지만 순종하기를 원하셨습니다. 그런데 인간이 불순종을 선택한 것입니다.

결국 이런 여러 가지 질문은 인간의 책임을 하나님께로 돌리려는 것입니다. 죄는 하나님의 실수 때문에 생긴 것이 아니라, 인간이 하나님의 명령을 어김으로써 생긴 것입니다. 최초의 인간인 아담과 하와가 그렇게 죄를 지은 것처럼, 우리도 그렇게 죄를 짓고 있는 것입니다.

악한 마귀의
유혹

아담과 하와의 범죄에 결정적 역할을 한 것이 바로 마 귀입니다. 마귀가 뱀을 통해 유혹한 장면을 보면 마귀가 대개 어 떤 작전으로 사람들을 유혹하는지 알 수 있습니다.

마귀는 아담 대신에 하와에게 먼저 다가갔습니다. 왜 그랬을까 요? 하나님께서 아담에게 선악과를 먹지 말라고 말씀하시는 장 면이 창세기 2장 17절에 나옵니다. 그리고 창세기 2장 21절에 가 서야 하와를 만드십니다. 그러니까 아담은 선악과를 먹지 말라 는 말씀을 하나님께 직접 들었고, 그 이후에 창조된 하와는 아담 을 통해서 그 이야기를 들었을 가능성이 높습니다. 한 다리를 건 너면서 그만큼 구멍이 생긴 것입니다. 부모의 신앙이 자녀들에게 전수되는 과정에서도 비슷한 문제가 생길 수 있습니다. 사탄은 우리의 가장 약한 부분을 공격합니다.

마귀가 하와를 유혹하는 과정이 어떠했는지 창세기 3장 1-6절을 보십시오.

"그런데 뱀은 여호와 하나님이 지으신 들짐승 중에 가장 간교
하니라 뱀이 여자에게 물어 이르되 하나님이 참으로 너희에게
동산 모든 나무의 열매를 먹지 말라 하시더냐 여자가 뱀에게 말
하되 동산 나무의 열매를 우리가 먹을 수 있으나 동산 중앙에
있는 나무의 열매는 하나님의 말씀에 너희는 먹지도 말고 만지
지도 말라 너희가 죽을까 하노라 하셨느니라 뱀이 여자에게 이
르되 너희가 결코 죽지 아니하리라 너희가 그것을 먹는 날에는
너희 눈이 밝아져 하나님과 같이 되어 선악을 알 줄 하나님이
아심이니라 여자가 그 나무를 본즉 먹음직도 하고 보암직도 하
고 지혜롭게 할 만큼 탐스럽기도 한 나무인지라 여자가 그 열매
를 따 먹고 자기와 함께 있는 남편에게도 주매 그도 먹은지라."

사탄은 처음부터 그 열매를 먹으라고 말하지 않았습니다. 처음
에는 혼란스러운 질문을 던지면서 유혹을 시작했습니다. '하나님
이 동산 모든 나무의 열매를 먹지 말라 하시더냐'라고 질문했습
니다. 이 질문에 대한 바른 대답은 yes도 아니고, no도 아닙니다.
하나님은 모든 열매를 먹지 말라고 하신 것이 아닙니다. 그렇다
고 모든 열매를 다 먹어도 된다고 하신 것도 아닙니다. 그러니 사
탄의 첫 질문은 혼동을 주는 것이었습니다.

이때 하와의 대답을 들어 보면 그녀가 흔들리고 있다는 것을

알 수 있습니다. 3절에 보면 하와는 '하나님께서 먹지도 말고 만지지도 말라고 하셨다'고 말합니다. 하나님의 말씀에 무엇인가를 더한 것을 알 수 있습니다. 하나님은 먹지 말라고만 하셨지 만지지 말라는 말씀은 안 하셨는데 하와가 그 말을 더하고 있습니다. 게다가 하나님은 그 열매를 먹는 날에는 '반드시 죽으리라'고 하셨는데 하와는 '죽을까 하노라'라고 했습니다. 하나님께서 하신 말씀을 약화시킨 것입니다.

사탄은 하와가 흔들리는 틈을 놓치지 않았습니다. 그때 사탄은 단호하게 '결코 죽지 않을 것이다'라고 말했습니다. 그리고 거기에다가 거짓된 보상을 약속했습니다. '먹는 날에는 너희 눈이 밝아져 하나님과 같이 될 것이다.' 하와가 그 말을 듣고 선악과를 보니 먹음직도 하고 보암직도 하고 지혜롭게 할 만큼 탐스럽기도 했습니다.

정리해 보면, 사탄은 처음에 혼란스러운 질문을 던져서 마음을 흔들어 놓습니다. 그리고 그 흔들리는 틈을 발견하면 강력하게 하나님을 대항하는 마음을 심습니다. 그리고 그렇게 죄를 지을 때 무언가 보상이 있을 것처럼 속입니다. 이런 과정을 거치면서 죄에 빠지는 것입니다. 요한일서 2장 16절을 보십시오.

"이는 세상에 있는 모든 것이 육신의 정욕과 안목의 정욕과 이생의 자랑이니 다 아버지께로부터 온 것이 아니요 세상으로부터 온 것이라."

하와가 흔들렸을 때 먹음직도 하고 보암직도 하고 지혜롭게 할 만큼 탐스럽기도 했다는 말과 앞의 말씀이 놀랄 정도로 비슷합니다. 다시 말하면, 사탄은 하와를 유혹할 때나 요즘 우리를 유혹할 때나 비슷한 작전을 계속 사용한다는 것입니다. 이렇게 적을 정확히 알 때 우리는 사탄의 유혹에 대해 승리할 수 있는 초석을 놓게 될 것입니다.

죄의 결과는
어떤 것인가

하나님께서는 아담에게 선악과를 먹는 날에는 반드시 죽을 거라고 말씀하셨습니다. 그런데 선악과를 먹은 아담과 하와는 그 자리에서 바로 죽지 않았습니다. 어떻게 된 것일까요?

하나님께서 말씀하신 죽음, 혹은 사망에는 크게 세 가지 종류가 있습니다. 첫 번째는, 영적인 죽음입니다. 영적인 죽음은 하나님과 인간과의 관계가 깨지는 것을 의미하는 말입니다. 아무리 좋은 전자 제품도 전기가 들어오지 않으면 제대로 된 기능을 발휘할 수 없습니다. 하나님의 형상대로 창조된 인간과 하나님과의 관계가 깨질 때, 인간은 분명히 걸어 다니고 모든 일을 다 하고 있는 것처럼 보이지만 영적으로는 죽은 상태가 되는 것입니다.

두 번째는, 육체적인 죽음입니다. 이것은 우리가 잘 아는 죽음인데, 늙어서 죽고, 병들어서 죽고, 사고로 죽게 되는 것을 의미합니다. 누구도 이 죽음을 피해 갈 수 없습니다.

세 번째는, 영원한 죽음입니다. 이 죽음을 다른 말로 지옥이라고 부릅니다. 범죄한 사람에게 하나님이 내리시는 심판의 마지막은 지옥입니다. 일단 지옥에 빠지면 다시는 회복할 길이 없습니다.

죄의 결과 중 가장 큰 것은 바로 죽음입니다. 영적인 죽음을 경험한 인간은 스스로 하나님께 나아갈 수 없게 되었습니다. 하나님과 우리 사이에 건너지 못할 강이 생긴 것입니다. 많은 사람이 신에게 가기 위해서 수행을 하고 착한 일을 하지만 죄로 인해 하나님으로부터 분리된 이 관계를 회복할 수 있는 방법은 없습니다. 이렇게 하나님과의 관계가 깨어진 영적인 죽음을 경험한 사람은 육체적 죽음과 영원한 죽음에까지 이르면서 가장 비참한 형편에 처하게 된 것입니다.

죄의 결과로 하나님과 인간의 관계만 파괴된 것이 아닙니다. 인간과 인간 사이의 관계도 파괴되었습니다. 아담이 하와를 처음 만났을 때 '이는 내 뼈 중의 뼈요, 살 중의 살이라'라고 하는 인류 최초의 시를 지었습니다. 그런데 범죄한 이후에 하나님께서 아담에게 왜 선악과를 먹었느냐고 추궁하시자 '하나님께서 만들어 주신 이 여자가 먹으라고 해서 먹었다'고 했습니다. 자기의 죄를 하와 탓으로 돌린 것입니다. 그 이후에 아담과 하와 사이에서 태어난 가인은 자기 동생 아벨을 돌로 쳐 죽였습니다. 형제지간에 살인이 일어난 것입니다. 나중에 가인의 후손인 라멕이라는 사람은 자기에게 상처를 입힌 사람에게 복수하기 위해서 그를 죽여

버렸노라고 자기 부인들에게 자랑 삼아 말하기도 했습니다. 죄를 지어도 부끄러워하거나 괴로워하지 않고 오히려 더 당당한 낯 두꺼운 사람이 되었습니다. 지금도 사람들끼리 서로 미워하고 죽이고 욕하는 근본적인 이유는 죄의 결과입니다.

그뿐만이 아닙니다. 범죄의 결과 인간과 자연의 관계도 깨어졌습니다. 농사를 지으면 온갖 가시와 잡초가 나와서 농사를 방해합니다. 지진, 태풍, 해일, 기근, 홍수 등 모든 자연재해의 첫 번째 이유는 인간의 범죄 때문입니다.

우리는 이 땅에서 살아가는 동안 온갖 문제들을 만납니다. 때로는 제도를 개선해서, 때로는 무엇인가를 새로 만들어서 문제를 해결하려고 합니다. 그러나 죄로 오염된 인간의 문제를 해결하지 못하면 제도의 개선은 그야말로 약간의 개선은 이룰 수 있겠지만 근본적인 문제를 해결할 수는 없습니다.

뿐만 아니라 인간은 죄의 결과로 인해 하나님께 위임받은 세상을 다스리는 지위를 잃어버렸습니다. 인간은 원래 하나님의 다스림을 받을 뿐만 아니라 하나님께 위임받아 세상을 다스리는 위치에 있었습니다. 하지만 사탄의 꼬임에 넘어가면서 이제는 자신에게 주어진 영광의 자리를 잃어버리고 사탄의 다스림을 받는 자리로 떨어지게 되었습니다. 그 결과 사탄의 통치하에서 수많은 고통을 당하면서 사는 비참한 존재가 되고 말았습니다.

그렇다면
나도 죄인이란 말인가

지금까지 인간이 죄인이라는 일반적인 이야기를 했습니다. 여기에 대해서 반감을 가지는 사람이 있을 것입니다. '그렇다면 나도 죄인이란 말인가?' 하는 생각이 들 수 있습니다.

뉴스에 보면 끔찍한 살인을 저질렀거나 엄청난 도둑질을 한 사람, 사기를 친 사람, 간음을 한 사람들이 나옵니다. 이들이 죄인이라는 것은 누구나 인정합니다. 그런데 나를 그런 죄인과 같은 범주에 넣는다는 것은 정말 기분 나쁜 이야기일 수 있습니다.

로마서에 보면 여러 부류의 사람이 자기는 죄인이 아니라고 항변하는 이야기가 나옵니다. 어떤 사람은 유대인인 자기를 다른 이방인과 같이 죄인으로 묶는 것은 잘못되었다고 말합니다. 요즘 우리 식으로 말하면 부모나 친척의 신앙 또는 직분을 내세우면서 자기는 다른 사람과는 좀 다르다고 말하는 것과 비슷할 것입니다. 그러나 성경은 그 어떤 특별한 신분이라고 해도 똑같은 죄인이라고 이야기합니다.

또 어떤 사람은, 자기는 매우 착하게 살았기 때문에 죄인이 아니라고 항변합니다. 그러나 성경은 아무리 착하게 산 사람도 마음으로 지은 죄가 있다고 이야기합니다. 그러면서 마음으로 지은 죄나 행동으로 옮긴 죄나 크게 다르지 않다고 말합니다.

마치 이런 것 같습니다. 자신이 지은 죄의 크기만 한 돌을 들고 바닷가에 모였다고 생각해 봅시다. 아마 어떤 사람은 아주 작은 돌을 들고 올 것입니다. 어떤 사람은 너무 큰 돌이라 손으로 들 수 없어서 포클레인으로 옮겨 올 것입니다. 자, 이제 각자가 들고 온 돌을 바다에 던져 봅시다. 아마도 큰 돌을 던졌을 때는 엄청난 파문이 일어날 것입니다. 반면에 작은 돌을 던졌을 때는 별 표시가 나지 않을 것입니다. 그런데 결과는 똑같습니다. 모든 돌이 다 바다 밑으로 가라앉을 것입니다. 마찬가지입니다. 큰 죄를 지은 사람은 사회에 큰 파문을 일으키고, 작은 죄를 지은 사람은 아무도 모를 수 있습니다. 그러나 하나님께서 보실 때는 큰 죄, 작은 죄가 따로 있지 않습니다. 모든 죄가 인간을 죽음에 이르게 하는 것입니다.

어떤 사람은 이런 변명을 할 수 있습니다. "나는 성경도 모르고 교회도 안 다녔어요. 그래서 그게 죄인 줄도 몰랐다고요." 마치 교통 신호를 위반한 사람이 경찰에게 잘 몰라서 그랬다고 말하는 것과 비슷합니다. 하지만 성경은 이렇게 말합니다. '당신의 행동이 죄라는 것을 구체적으로 배우지 않았어도 당신은 양심의 소리를 들었을 것입니다.' 사람을 죽이는 것이 죄라는 것을 아무도 가르쳐 주지 않았다 해도 그런 행동을 할 때는 양심의 소리를 듣게 되어 있는 것입니다.

결국 성경의 가르침은 아주 명확합니다. 단 한 사람의 예외도 없이 모든 인간은 죄인이며, 그 죄의 결과는 죽음이라는 것입니다. 앞으로 소개될 이야기를 제대로 이해하려면 이런 깊은 절망의 골짜기를 통과해야 합니다. '나는 죄인이고, 죄의 결과는 죽음이다.' 그런데 문제는, 우리는 스스로 이 문제를 해결할 수 없다는 것입니다.

1. 아담의 범죄가 나에게까지 영향을 미친다는 말은 무슨 의미입니까?

2. 죄가 무엇인지 당신의 말로 설명해 보십시오.

3. 당신은 죄를 짓도록 유혹하는 마귀의 작전에 흔들린 적이 있습니까?

4. 죄의 결과로 맞게 되는 세 가지 죽음은 무엇입니까?

5. 당신은 당신이 죄인이라고 하는 성경의 말에 동의합니까?

예수님은 단지 좋은 이야기를 들려 준
훌륭한 스승이 아닙니다.
예수님은 우리를 위해서
자신의 생명을 내놓으신 분입니다.
이것이 기독교 신앙의 핵심입니다.

예수님은
어떤 분이신가

예수님
자신의 증언

앞선 장의 이야기가 당신의 마음을 너무 불편하게 하고 기분 나쁘게 했을 것 같습니다. 이런 깊은 절망에 있는 우리를 구원하기 위해서 오신 분이 바로 예수님이십니다. 만일 우리에게 이런 문제가 없다면 굳이 예수님이 오실 필요가 없었을 것입니다.

사실 기독교 신앙의 한복판에 계신 분이 예수님입니다. 기독교를 믿지 않는 사람도 예수님에 대해서 많이 알고 있습니다. 심지어 어떤 사람은 그리스도인은 싫어도 예수는 좋아한다고 합니다. 그런데 실제로 그런 말을 하는 사람 중에는 예수님이 어떤 분이신지 제대로 알지 못하는 경우가 많습니다. 이 장에서는 성경에서 말하는 예수님에 대해서 알아보려 합니다.

어떤 회사에서 새로운 사원을 뽑는다면 그가 어떤 사람인지 알려고 애를 쓸 것입니다. 그러기 위해 우선적으로는 이력서를 보면서 그가 어떤 사람인지를 볼 것입니다. 그리고 본인을 직접 만나서 스스로 말하는 것을 체크해 볼 것입니다. 그리고 다른 사람의 추천서나 평가서 같은 것을 참고할 것입니다.

예수님에 대해서 알려고 할 때도 이런 과정이 필요합니다. 그런데 예수님에 대한 여러 기록과 예수님 자신의 말씀 그리고 주위 사람들의 평가가 모두 모여 있는 것이 바로 성경입니다. 그렇다면 성경은 예수님에 대해서 뭐라고 이야기하는지 알아봅시다.

우선 예수님은 자신에 대해서 뭐라고 말씀하셨을까요? 예수님이 자기 자신에 대해서 말씀하신 것을 가장 잘 정리해 둔 책이 요한복음입니다. 요한복음에 보면 예수님께서 '나는 ○○이다'라고 말씀하신 것들이 나옵니다. 이런 말씀은 주로 예수님의 행하신 표적과 연결되어 있습니다.

예를 들면, 보리떡 다섯 개와 물고기 두 마리로 5천 명을 먹인 표적을 행하신 후에 예수님은 '나는 생명의 떡이다'라고 말씀하셨습니다. 우리 식으로 말하면 '생명의 밥이다'라고 하신 것입니다. 우리가 밥을 먹어야 살 수 있듯이 예수님을 믿어야 살 수 있다고 말씀하신 것입니다.

또한 앞을 보지 못하는 사람을 치유해 주시면서는 '나는 세상의 빛이다'라고 하셨습니다. 예수님이 어두운 절망의 땅에 소망의 빛을 비춰 주시는 분이라는 것입니다. 당신의 인생이 어둡고 삶에 소망이 없다는 생각이 든다면, 빛이신 예수님을 만나 보십시오.

특별히 예수님은 자신을 '하나님의 아들'이라고 하셨고, '하나님께로 나아가는 길'(the way)이라고 하셨습니다. 인간이 하나님을 떠난 이후 하나님께로 나아가는 길을 잃어버렸는데, 예수님 자신이 바로 하나님께로 나아가는 그 길이라고 하신 것입니다. 어떤 사람은 하나님께로 나아가는 여러 가지 길 중에 하나라고 하지 않고 유일한 길이라고 하는 것에 대해 불편해 할 수 있습니다. 그런데 '진리'는 항상 독단성을 가지고 있습니다. 1+1=2가 되어야지, 3도 되고 4도 된다면 이것은 수용성이 큰 것이 아니라 진리가 무엇인지를 모르는 것입니다. 이는 마치 결혼한 남자가 단 한 명의 여자만을 자기 아내라고 말할 때 어느 누구도 그를 꽉 막힌 사람이라고 말하거나, 그에게 왜 다른 여자는 당신의 아내라고 하지 않는지를 물을 수 없는 것과 같습니다. 등산할 때 정상으로 올라가는 길은 여러 경로가 있을 수 있지만, 하나님께로 나아가는 길은 오직 한 길, 바로 예수님 자신밖에 없다고 말씀하신 것입니다.

예수님이 하신 말씀을 제대로 이해한 사람이라면 두 가지 반응 중 한 가지를 보여야 정상입니다. 그 말이 맞다고 인정하는 사람이라면 예수님이 그런 분이라고 믿어야 합니다. 반대로 그 말을 인정할 수 없다면 '제정신이 아니군'이라고 해야 정상입니다. 예수님 당시의 유대인들은 자신이 하나님의 아들이라는 예수님의 말을 듣고는 돌을 들어서 던지려고 했습니다. 어찌 보면 예수님을 믿지 못하는 이들에게는 그것이 자연스러운 반응일 것입니다. 하지만 "나는 교회는 안 다녀도 예수님은 존경해"라고 이야기하는 사람이 있다면, 그는 아직 예수님이 무슨 말씀을 하셨는지 잘 모르는 사람일 것입니다.

완전한 신,
완전한 사람

그렇다면 성경은 예수님에 대해서 뭐라고 이야기하고 있습니까? 우선, 예수님은 인간의 몸을 입고 온 하나님의 아들이라고 말합니다.

예수님이 하나님의 아들이라는 말은 예수님이 하나님이라는 것입니다. 그래서 예수님은 사람은 할 수 없고 하나님만 하실 수 있는 일을 많이 행하셨습니다. 때로는 풍랑이 이는 바다를 잔잔하게 하기도 했고, 때로는 병자를 고치거나 죽은 자를 살리기도 하셨습니다. 자신이 하나님임을 여러 사람 앞에서 나타내신 것입니다.

그러나 동시에 예수님은 완벽한 인간으로 오셨습니다. 그래서 보통 사람이 겪을 수 있는 모든 일을 다 겪으셨습니다. 이에 대해 히브리서 4장 15절에는 이렇게 기록되어 있습니다.

"우리에게 있는 대제사장은 우리의 연약함을 동정하지 못하실 이가 아니요 모든 일에 우리와 똑같이 시험을 받으신 이로되 죄는 없으시니라."

부정의 부정은 강한 긍정입니다. 예수님이 우리의 연약함을 동정하지 못하실 이가 아니라는 말은 우리가 힘들어할 때 너무나도 안타까워하며 우리의 아픔과 고통을 함께하신다는 말입니다. 왜냐하면 예수님 자신이 우리가 당하는 고통을 다 당해 보셨기 때문입니다.

예수님은 제대로 된 숙소가 없어서 마구간에서 태어난 후 짐승의 죽통인 구유에 누워 계셨습니다. 공생애 기간에는 집 없이 떠돌아다니기도 하셨습니다. 그래서 집이 없어 고통당하는 사람들의 마음을 누구보다 잘 아십니다. 또한 채찍에 맞아 온몸이 갈기갈기 찢어지는 고통을 당하셨기에 우리가 아파서 힘들어할 때 우리 손을 잡고 위로해 줄 수 있는 분이십니다. 그뿐 아니라 40일간 먹지 못하신 적도 있습니다. 사랑하는 제자들에게 배신을 당하기도 하셨습니다. 미친 사람이라고 손가락질을 당하기도 했고, 얼굴에 침 뱉음을 당하기도 하셨습니다. 그리고 마침내 십자가에서 생명을 잃고 무덤에 들어가기까지 하셨습니다. 그야말로 우리가 겪을 수 있는 모든 아픔과 고통을 다 겪어 보셨기에 그 누구보다 우리를 잘 이해하는 분이십니다. 동시에 하나님의 아들인 신(神)이기에 우리의 모든 문제를 해결할 수 있는 능력을 가지고 계십니다.

우리가 어떤 어려움 때문에 예수님을 찾는다면, 예수님은 두 팔 벌리고 우리를 그 품에 안아 주는 분이십니다. 우리 눈에서 눈물을 닦아 주시고, 우리의 아픔에 공감해 주는 분이십니다. 뿐만 아니라 우리가 넘을 수 없는 산을 넘을 수 있도록 우리 손을 잡고 함께 걸어가 주는 분이십니다.

예수님과
십자가

　　우리는 앞에서 '우리 모두는 죄인이고, 그 결과는 죽음' 이라는 굉장히 불편한 이야기를 나누었습니다. 하나님은 공의로운 분이기에 죄에 대해서는 반드시 심판하셔야 합니다. 죄의 결과는 죽음이라 했으니 하나님은 죄인인 우리를 영원한 죽음인 지옥 형벌에 처하셔야 합니다. 만일 하나님이 그냥 없었던 일로 하신다면 그분은 공의롭지 못한 분이 됩니다.

　　동시에 하나님은 매우 사랑이 많으신 분입니다. 우리가 죄의 결과로 지옥 형벌에 처해지는 것을 안타까워한 하나님은 그런 우리를 구원해 주기 원하셨습니다. 그래서 하나님은 자신의 아들인 예수님을 보내어 우리가 당할 형벌을 대신 받게 하셨습니다. 우리 대신 형벌을 받기 위해서 예수님이 십자가를 지신 것입니다.

　　십자가 형벌은 인간이 고안해 낸 사형법 중에서 가장 잔인한 방법입니다. 십자가형의 문제는 사형수가 빨리 죽지 않는다는 것입니다. 양손과 양발을 십자가에 못 박아서 매달아 두고 서서히 죽게 만드는 것이 십자가형입니다. 십자가에 달린 죄수들은 고통과 목마름과 수치심으로 몸부림치면서 서서히 죽어 갔습니다. 예수님이 그 형벌을 받으신 것입니다.

당신은 십자가를 지신 예수님의 그림을 본 적이 있을 것입니다. 왜 예수님께서 십자가에 달려 그렇게 처참하게 죽으셔야 했을까요? 원래는 우리가 지옥에서 그런 형벌을 받아야 했습니다. 그런데 예수님이 그 지옥 형벌에서 우리를 구원하기 위해서 우리 대신 십자가를 지신 것입니다.

어떤 농부가 반려동물로 병아리를 키우고 있었습니다. 그런데 어느 날 보니 병아리가 병이 들어 죽어 가고 있었습니다. 급하게 동물 병원으로 데리고 갔더니 수의사 선생님이 이렇게 물었습니다.

"혹시 집에 송아지도 키우시나요?"

"그렇긴 합니다만…."

"그럼 그 송아지를 잡고 푹 삶아서 국물을 우려낸 다음 그 국물을 병아리에게 먹이십시오. 그러면 나을 것입니다."

생각해 보십시오. 이게 말이 되는 이야기입니까? 병아리를 살리기 위해서 송아지를 잡다니요. 그렇다면 하나님께서 죄인인 우리를 구하기 위해 자신의 아들을 십자가에 내어 주셨다는 것은 말이 됩니까? 정말 말도 안 되지만 하나님의 뜻에 순종해서 십자가를 지신 분이 예수님입니다. 왜 예수님이 우리 같은 죄인을 위해서 십자가를 지셨는지는 논리적으로 설명되지 않습니다. 그래서 우리는 그것을 '은혜'라고 부릅니다. 받을 자격이 없는 사람에게 베풀어 주신 예수님의 사랑, 그게 바로 은혜인 것입니다.

예수님께서 십자가를 지고 우리의 죄를 대신 짊어지셨기 때문에 그분을 믿는 사람에게는 영원한 지옥 형벌이 없습니다. 대신 그분을 믿는 사람은 하나님의 양자가 됩니다. 그래서 하나님을 아버지라고 부를 수 있게 되는 것입니다.

예수님은 단지 좋은 이야기를 들려 준 훌륭한 스승이 아닙니다. 예수님은 우리를 위해서 자신의 생명을 내놓으신 분입니다. 예수님은 우리를 죄와 죽음에서 건져 내기 위해 십자가를 지신 분입니다. 이것이 기독교 신앙의 핵심입니다.

예수님의
부활

　　인간을 죽음의 자리로 몰아넣은 사탄은 예수님이 이 땅에 오셨을 때 그분을 죽여서 아무 일도 못 하게 하려고 했습니다. 그래서 군중을 선동해서 예수님을 죽음으로 몰아갔습니다. 빌라도의 마음에 들어가서 예수님에게 아무 죄가 없는 것을 알면서도 비겁하게 그분을 십자가에 내어 주게 했습니다. 가룟 유다의 마음에 들어가서 예수님을 배신하고 팔아먹게 했습니다. 이 모든 사람의 마음을 움직여서 마침내 예수님을 십자가에 못 박아 죽게 했습니다. 사실 죽음은 사탄이 가지고 있는 최고의 무기였습니다. 누구라도 죽이면 끝나는 것이니 말입니다.

　　예수님도 사탄의 이런 작전을 알고 계셨습니다. 그렇지만 예수님은 죽음을 피하려고 하지 않으셨습니다. 오히려 죽음 한복판으로 걸어 들어가셨습니다. 사탄의 계획대로 순순히 십자가를 지셨습니다. 하지만 예수님에게는 계획이 있었습니다. 마치 호랑이를 잡기 위해 호랑이 굴로 들어가듯이, 예수님은 죽음을 이기기 위해 죽음 한복판으로 들어가셨습니다.

예수님이 십자가에 달려 죽은 후 무덤에 들어가셨을 때 사탄은 승리의 노래를 불렀을 것입니다. 그런데 무덤에 들어가신 예수님은 3일 만에 다시 살아났습니다. 부활하신 것입니다.

예수님의 부활은 정말 믿기 힘든 이야기입니다. 처음 예수님이 부활하셨다고 했을 때 제자들도 믿지 않았습니다. 죽은 사람이, 그것도 십자가에서 갈기갈기 찢겨서 죽은 사람이 다시 살아났다는 것은 정말 믿기 힘든 일이었기 때문입니다. 그런데 예수님은 다시 살아나셨고, 많은 사람이 부활하신 예수님을 만났습니다. 고린도전서 15장 4-6절을 보십시오.

"장사 지낸바 되셨다가 성경대로 사흘 만에 다시 살아나사 게바에게 보이시고 후에 열두 제자에게와 그 후에 오백여 형제에게 일시에 보이셨나니 그중에 지금까지 대다수는 살아 있고 어떤 사람은 잠들었으며."

고린도전서를 기록한 바울 사도는 부활의 목격자가 한둘이 아니라고 말합니다. 최소한 500명보다 훨씬 더 많은 사람이 부활하신 예수님을 만났다고 말합니다. 그리고 부활을 목격한 사람 중 몇몇은 죽었지만, 대다수는 살아 있다고 했습니다. 그는 누군가가 부활의 증인들이 어디 있느냐고 묻는다면 수백 명의 증인을 데리고 올 수 있다고 말한 것입니다.

만일 예수님의 부활을 한두 사람이 목격했다면 자기들끼리 짜고 그렇게 말한다고 할 수도 있을 것입니다. 그런데 부활의 목격자는 수백 명이었습니다. 고린도전서를 기록한 바울 자신이 가장 강력한 증인이었습니다. 원래 바울은 예수님을 믿지 않을 뿐만 아니라 예수 믿는 사람을 박해하고 잡아 죽이려 했던 사람입니다. 그런 그가 예수님을 전하는 사도가 된 것은 부활하신 예수님을 만났기 때문입니다.

예수님의 부활로 인해서 마귀는 치명상을 입었습니다. 자신의 가장 강력한 무기인 죽음이 아무 쓸모없는 것이 되었기 때문입니다. 성경에서는 마귀가 예수님을 십자가로 몰아넣어 죽인 사건이 뱀이 사람의 뒤꿈치를 문 정도였다면, 예수님이 부활해서 죽음을 휴지 조각으로 만드신 것은 사람이 뱀의 머리를 밟아 버린 것과 같다고 말합니다.

예수님은 우리의 죄를 대신해서 십자가에서 죽으셨을 뿐만 아니라, 우리를 괴롭히던 사탄의 머리를 밟아 버리셨습니다. 이제 사탄은 예수님의 부활로 인해 힘을 잃었습니다. 사탄은 지금도 우리를 괴롭히지만, 그것은 머리를 밟힌 뱀의 마지막 몸부림 같은 것입니다. 승리하신 예수님과 함께할 때, 우리도 사탄의 모든 공격을 이겨 내고 승리할 수 있게 되었습니다.

예수님의
승천과 재림

죽음을 이기고 부활하신 예수님은 약 40일간 제자들에게 나타나서 말씀을 가르치고 땅끝까지 복음을 전하라는 사명을 주신 다음 하늘로 올라가셨습니다. 이것을 '승천'이라고 부릅니다. 하늘로 올라가신 예수님은 하나님 보좌 우편에 앉아 계십니다. 이전에 우리를 구원하기 위해 스스로 인간의 자리로 내려오신 예수님을 하나님께서 다시 자신과 같은 자리로 회복시켜 주셨다는 말입니다.

예수님은 하나님 보좌 우편에서 지금도 쉬지 않고 우리를 위해서 기도하고 계십니다. 다시 말하면, 예수님은 지금도 우리와 함께하며 험한 세상에서 승리할 수 있도록 우리를 위해서 기도하고 계시다는 것입니다. 힘들고 어려운 일을 만날 때, 아무도 내 곁에 없는 것 같은 외로움을 느낄 때 우리가 꼭 기억할 것은, 바로 내 곁에 예수님이 함께 계시다는 것입니다.

이렇게 하나님 보좌 우편에 계시는 예수님은 언젠가 다시 이 땅에 오실 것입니다. 그것을 예수님의 '재림'이라고 부릅니다. 예수님께서 다시 이 땅에 오실 때는 처음 때처럼 낮은 모습으로 오시지 않습니다. 그때는 영광 중에 오실 것입니다. 그때 예수님은 진정한 심판주로 오십니다.

예수님이 재림하실 때 죽었던 사람들도 모두 다시 살아납니다. 그리고 심판주이신 예수님 앞에서 심판을 받게 됩니다. 모두 각자의 죄에 대한 심판을 받을 텐데, 예수님을 믿고 그분을 자신의 구주로 모신 사람은 이미 예수님께서 죗값을 대신 치러 주셨기 때문에 심판을 받지 않습니다. 하지만 예수님을 끝까지 거부하고 그분이 내미신 손을 뿌리친 사람은 예수님 재림의 날에 영원한 심판을 받고 지옥에 던져지게 될 것입니다. 그때 마지막 발버둥을 치던 사탄도 영원한 심판을 받게 될 것입니다.

예수님이 오시는 날은 아무도 모릅니다. 어떤 사람은 그 날짜를 억지로 계산해 내다가 진리에서 떠나가게 됩니다. 그 날짜를 말하는 사람은 이단이라고 보면 됩니다. 예수님도 그날을 모른다고 하셨습니다. 대신 주님 오실 날이 가까워지면 여러 가지 징조가 나타날 거라고 했습니다. 전쟁의 소문이 늘어나고, 곳곳에 지진과 기근 같은 자연재해가 일어날 것입니다. 땅끝까지 복음이 전해지지만, 한편으로는 거짓 선지자들이 많이 나타날 것입니다.

예수님을 믿는 사람에게 예수님 재림의 날은 두려움과 공포의 날이 아닙니다. 오히려 영원한 천국에서 주님과 함께 세상을 통치하는 날이 될 것입니다. 그래서 믿음의 선배들은 예수님께서 재림하실 그날을 손꼽아 기다렸습니다.

1. '나는 교회는 안 다녀도 예수님은 존경한다'고 말하는 사람은 예수님이 스스로 뭐라고 이야기하셨는지 모르는 사람입니다. 예수님은 자기 자신에 대해서 뭐라고 말씀하셨습니까?

2. 예수님의 신적인 측면과 인간적인 측면을 한 가지씩 이야기해 봅시다.

3. 하나님의 아들인 예수님이 십자가를 지신 것과 우리가 무슨 상관이 있는지 이야기해 봅시다.

4. 예수님은 십자가에서 죽으셨지만 부활해서 마귀의 머리를 밟고 승리하셨습니다. 그 예수님과 함께할 때 우리도 마귀를 이길 수 있습니다. 지금까지 당신은 마귀에 대해서 어떻게 생각하고 있었습니까?

5. 초대 교회 성도들은 예수님이 다시 오셔서 완전한 정의와 평화가 실현될 것을 간절히 기다렸습니다. 당신은 지금 당장 예수님이 오신다고 하면 어떤 생각이 들 것 같습니까?

예수 그리스도를 구세주와 주인으로 모신다는 말은,
이전의 나는 죽고
새로운 사람으로 태어난다는 말을 내포합니다.
이는 한마디로 주님과 함께 죽고,
주님과 함께 사는 것입니다.

나는 어떻게 예수님을 영접할 수 있는가

>

찾아오신
예수님

　　세상의 모든 종교는 신을 찾기 위해서 인간이 최선을 다해야 한다는 것을 강조합니다. 선을 행하고, 더 깊은 수행을 하고, 마음의 욕심을 버려야 한다고 강조합니다. 그러나 인간의 노력으로는 죄로 인해 갈라진 하나님과 인간 사이의 깊은 골짜기를 메울 수 있는 방법이 없습니다.

　그런 우리를 사랑하신 하나님은 자신의 아들을 보내 주셨습니다. 이것이 기독교의 독특함입니다. 우리 스스로는 하나님을 찾을 수 없기 때문에 하나님의 아들이 인간의 몸을 입고 직접 우리를 찾아오신 것입니다. 하나님이신 그분은 인간들이 먹는 음식을 먹고, 인간들과 함께 자고, 인간들의 언어로 소통하셨습니다.

　요즘 강아지를 키우는 사람이 많습니다. 정말 강아지를 자식처럼 생각하는 사람들도 있습니다. 그렇다고 해서 강아지 집에 들어가서 강아지와 함께 자고, 강아지가 먹는 음식을 함께 먹고, 강아지처럼 짖으면서 의사소통을 하는 사람은 없을 것입니다. 사람은 어디까지나 사람의 자리에서, 강아지는 어디까지나 강아지의 자리에 있는 상태에서 사랑하는 것입니다. 하지만 예수님은 하나님의 자리를 내려놓고 인간에게 다가오셨습니다. 길을 잃고 방황하는 인간을 직접 찾아오신 것입니다. 그렇게 찾아오셨을 뿐만 아니라, 결국에는 우리를 위해서 십자가를 지고 죽으셨습니다.

하나님은 우리가 자신을 찾기 전에 먼저 우리에게 손을 내미셨습니다. 이제 우리가 할 일은 그분의 손을 붙잡는 것입니다. 하나님의 손을 붙잡기 위해서는 하나님께서 보내 주시어 우리를 찾아오신 예수님을 믿어야 합니다. 예수님 믿기를 거절한 것 때문에 하나님이 화가 나서 그 사람을 심판하시는 것은 아닙니다. 원래 모든 사람은 죄 때문에 하나님의 심판을 받게 되어 있습니다. 하나님이 보내 주신 예수님을 거부할 경우에는 원래 인간에게 내려진 심판을 그냥 받는 것입니다. 그러나 누구든지 하나님께서 보내 주신 예수님을 믿으면, 그 사람은 심판 대신 영원한 생명을 얻게 되는 것입니다. 영원한 생명을 얻는다는 말은 단지 죽지 않고 계속 산다는 의미가 아닙니다. 하나님과의 관계를 회복하고 죽음을 뛰어넘어 하나님 나라의 백성으로 영원히 산다는 의미입니다.

요한계시록 3장 20절에 이런 말씀이 나옵니다.

"볼지어다 내가 문밖에 서서 두드리노니 누구든지 내 음성을 듣고 문을 열면 내가 그에게로 들어가 그와 더불어 먹고 그는 나와 더불어 먹으리라."

예수님은 문을 박차고 들어가시지 않습니다. 그냥 문밖에서 두드리십니다. 우리가 스스로 문을 열고 예수님을 영접하기를 기다리고 계십니다.

위의 말씀은 주님이 라오디게아라는 곳에 있는 교회를 향해서 하신 말씀입니다. 무슨 말인가 하면, 교회를 다니면서도 예수님을 영접하지 않은 사람이 있을 수 있다는 것입니다. 그 사람이 교회 안에 있건 밖에 있건, 예수님은 아직도 제대로 믿지 않고 있는 사람을 찾아가 그 마음의 문을 두드리고 계십니다.

누가복음 15장에 보면 예수님은 잃어버린 한 마리의 양을 찾기 위해 온 산과 들을 찾아다니는 목자의 모습으로 소개됩니다. 오늘도 주님은 죄와 죽음의 골짜기에서 신음하며 죽어 가는 한 영혼을 구원하기 위해서 찾아다니십니다. 그리고 찾으면 기뻐하며 잔치를 벌이십니다.

영원한 죽음의 나락으로 떨어지는 우리 한 사람, 한 사람을 구원하기 위해 이 땅에 오셔서 죽으신 예수님께서 지금 당신의 마음의 문을 두드리고 계십니다.

구세주와
주인

예수님은 예수님을 믿는 사람에게 영원한 생명을 주신다고 했습니다. 그렇다면 우리는 구체적으로 무엇을 믿어야 할까요?

첫째, 예수님이 우리 죄를 대신해서 죽고 부활하심으로써 우리의 모든 죄를 용서받았다는 것을 믿어야 합니다. 사실 우리의 죄를 용서받는 과정에서 우리가 한 것은 아무것도 없습니다. 하나님께서 아들을 보내셨고, 예수님께서 십자가를 지셨습니다. 우리가 할 일은 그 사실을 믿는 것입니다. 한 걸음 더 나아가 그 예수님을 우리의 주인으로 믿어야 합니다. 이제 내 인생은 내 것이 아니라 주님의 것이라고 고백해야 하는 것입니다.

우리의 모든 죄를 용서받았다는 것은 과거, 현재, 미래의 죄를 다 용서받았다는 것입니다. 그러다 보니 이런 질문을 하는 사람이 있습니다. '그렇다면 우리 마음대로 살아도 구원에는 문제가 없겠네요?' 그런데 정말 주님을 믿어 죄 용서함을 받은 사람은 절대로 이런 생각을 하지 않습니다. 왜냐하면 예수님은 우리의 죄를 용서해 주신 구세주이실 뿐만 아니라 우리의 주인이시기 때문입니다.

이제 우리는 우리를 구원해 주신 주인의 뜻을 따라 살아야 합니다. '주님'이라는 말은 알고 보면 '주인님'이라는 말을 줄인 것입니다. 예수님이 우리의 주인이시라면 우리는 예수님의 종이라는 뜻입니다. 우리가 예수님의 종이라면 예수님이 기뻐하고 좋아하시는 일을 하는 것이 당연합니다.

혹시 종이라는 말 때문에 기분 나쁜 사람이 있을지 모르겠습니다. 그런데 우리의 주인이신 예수님은 종의 노동력을 착취하는 악덕 기업주 같은 분이 아니십니다. 종을 위해서 자신의 생명을 기꺼이 내어 주신 정말 고마운 주인이십니다.

주인을 따르는 삶은 자유가 없고 고달플 거라고 걱정하는 사람이 있습니다. 예수님이 원하시는 삶은 너무 따분하고 재미없을 거라고 생각하는 사람도 있습니다. 그러나 그렇지 않습니다. 기차의 자유는 철로 위에 있을 때 누릴 수 있는 것이고, 물고기의 자유는 물속에서만 누릴 수 있는 것입니다. 만일 기차가 자유를 찾아서 철로를 벗어난다면 그리고 만일 물고기가 자유를 찾아서 물 밖으로 나간다면, 그것은 자유가 아니라 파멸이고 죽음입니다. 예수님을 주인으로 모시는 삶은 자유를 잃어버리는 삶이 아니라 오히려 진정한 자유를 누리는 삶이 될 것입니다.

예수 그리스도를 구세주와 주인으로 모신다는 말은, 이전의 나는 죽고 새로운 사람으로 태어난다는 말을 내포합니다. 이전에는 내가 주인이 되어 하고 싶은 대로 하면서 온갖 죄를 다 짓는 삶을 살았다면, 이제는 그렇게 살던 나의 옛 자아는 죽고 주님 안에서 전혀 새로운 삶을 사는 사람이 되는 것입니다. 예수님의 시선이 머무는 곳에 우리의 시선이 머물고, 예수님이 가시는 곳에 우리도 가며, 예수님이 멈추시는 곳에서 우리도 멈추는 것입니다.

이는 한마디로 주님과 함께 죽고, 주님과 함께 사는 것입니다. 그때 우리는 이전에 알지 못했던 놀라운 기쁨과 감사를 누리면서 살아가게 될 것입니다.

회개

"이르시되 때가 찼고 하나님의 나라가 가까이 왔으니 회개하고 복음을 믿으라 하시더라"(막 1:15).

위의 말씀에 보면, 예수님께서 복음을 전할 때 하신 첫 번째 말씀이 '하나님의 나라가 가까이 왔으니 회개하고 복음을 믿으라'는 것이었습니다. 복음을 믿기 위해 먼저 해야 할 일이 회개임을 가르쳐 주신 것입니다.

'회개'라 하면 자신의 잘못을 뉘우치고 반성하는 것이라고 생각하는 사람이 있습니다. 그러나 회개는 그보다 훨씬 더 강력한 뜻을 가지고 있습니다.

타락한 인간은 본성적으로 자기중심적인 삶을 살게 되어 있습니다. 아담이 범죄할 때 자기 스스로 하나님의 자리에 앉고 싶어 했던 것처럼, 지금도 인간은 하나님의 자리에 앉으려고 합니다. 자기가 인생의 주인이 되어 하고 싶은 대로 하려고 합니다. 또한 자기가 인생의 재판관이 되어 모든 선과 악을 스스로 판단하려 합니다. 그렇게 살던 사람이 예수님을 영접하기 위해서는 먼저 지금까지 살던 자기중심적인 삶에서 완전히 돌아서야 합니다. 그게 회개입니다. 그러니까 회개는 지금까지 자기가 주인 되어 살았던 삶이 하나님 앞에서 얼마나 잘못된 삶이었는지를 깨달아 비통하게 여길 뿐만 아니라 그런 삶에서 완전히 돌아서는 것입니다.

이것은 마치 더러운 돼지를 깨끗이 목욕시켜도 잠시 후 자기가 뒹굴던 진흙탕에 들어가면 원래 모습으로 돌아가는 것과 같은 잠깐의 후회나 반성과는 다릅니다. 회개하기 위해서는 먼저 자기가 죄인이며 자기 스스로는 그 죄의 굴레에서 벗어날 수 없는 영적인 파산자라는 것을 확실히 알아야 합니다. 예수님께서는 산상수훈(마태복음 5-7장)에서 여덟 가지 복에 관해 이야기하셨는데, 그중 첫 번째가 '심령이 가난한 자는 복이 있다'는 것입니다. 그리고 두 번째가 '애통하는 자는 복이 있다'는 것입니다.

가난한 심령과 애통함은 인간이 회개의 자리에 나아갈 때 반드시 거쳐야 하는 관문입니다. 자기가 영적인 파산자임을 깨닫고 자기에게는 소망이 없음을 고백하는 것이 심령이 가난하다는 말의 의미입니다. 그리고 그것 때문에 가슴 아파하고 애통하는 사람은 지금까지의 삶이 얼마나 어리석고 부질없는 삶이었는지를 깨닫게 됩니다. 그래서 하나님의 은혜를 구하게 되고, 비참한 자리에 빠져 있는 자기를 하나님께서 불쌍히 여기고 구해 주시기를 간절히 바라게 됩니다.

이런 사람은 자기가 주인 되어 살던 삶에서 돌아서서 예수 그리스도를 자기 삶의 왕좌에 모셔야 합니다. 그동안 앉아 있던 왕좌의 자리에서 주님의 다스림을 받는 자리로 내려와야 합니다. 그런 의미에서 회개는 정권 교체입니다.

다시 말해서, 예수님을 영접한다는 것은 일주일에 한 번씩 교회에 다니는 정도를 의미하는 것이 아닙니다. 이전의 나는 완전히 죽고 새로 태어나는 것이며, 내 인생의 주인이 바뀌는 것이며, 내 삶의 이유와 방향이 바뀌는 것입니다.

이렇게 회개를 경험한 사람은 이전에 주인 되어 살았던 자신의 모든 삶에서 돌아서서 인생의 주인이신 예수님이 기뻐하시는 삶을 살게 됩니다. 이웃을 사랑하고 용서하며, 자신에게서 아름다운 예수님의 향기가 나는 삶을 살게 됩니다.

마음으로 믿고
입으로 시인하기

배우자를 너무 사랑해서 결혼했음에도 배우자에게 사랑 고백을 잘 못하는 사람이 있습니다. 이런 사람들은 대개 이렇게 생각합니다. '그걸 꼭 말로 해야 하나?' 이렇게 생각하는 사람들에게 해 주고 싶은 말이 있습니다. "울리지 않는 종은 종이 아닙니다. 마찬가지로 표현되지 않는 사랑은 사랑이 아닙니다."

예수님에 대한 믿음도 마찬가지입니다. 마음으로만 믿으면 되는 것이 아니라, 입으로 시인하는 과정이 필요합니다. 로마서 10장 9-10절을 보십시오.

"네가 만일 네 입으로 예수를 주로 시인하며 또 하나님께서 그를 죽은 자 가운데서 살리신 것을 네 마음에 믿으면 구원을 받으리라 사람이 마음으로 믿어 의에 이르고 입으로 시인하여 구원에 이르느니라."

예수님을 믿는 데도 입으로 시인하는 과정이 필요합니다. 이것은 그냥 말로 표현해야 된다는 말 이상일 것입니다. 만일 예수 믿는 사람을 감옥에 가두고 심지어 죽이는 상황에 놓여 있다면, 입으로 시인하는 것은 굉장히 위험한 일일 것입니다. 그 정도는 아니더라도 예수를 믿는 것이 주위 사람들에게 놀림거리가 되거나 주위 사람을 불편하게 할까 봐 말하지 않을 수도 있습니다.

입으로 시인한다는 것은 많은 사람 앞에서 자신이 그리스도인임을 당당하게 이야기한다는 말입니다. 예수님은 마태복음 10장 32-33절에서 이렇게 말씀하셨습니다.

> "누구든지 사람 앞에서 나를 시인하면 나도 하늘에 계신 내 아버지 앞에서 그를 시인할 것이요 누구든지 사람 앞에서 나를 부인하면 나도 하늘에 계신 내 아버지 앞에서 그를 부인하리라."

마음으로 믿고 입으로 시인할 때 반드시 따라와야 할 것이 삶의 변화입니다. '입만 살아 있다'라는 말이 있습니다. 이는 굉장히 모욕적인 말입니다. 그의 말과 행동이 전혀 어울리지 않을 때 하는 말입니다. 예수님을 영접한 사람은 예수님이 인생의 구세주요, 주인임을 믿고 그것을 많은 사람 앞에서 시인하는 사람입니다. 그리고 그의 삶이 정말 예수님을 닮은 사람으로 바뀌어 가야 하는 것입니다. 그때 그 사람의 삶에서 그리스도의 향기가 나고,

그 사람을 보면서 많은 사람이 질문을 던지게 됩니다. '무엇이 이 사람을 이렇게 변화시켰을까?' 이것이 바로 진정한 그리스도인의 모습입니다.

만일 예수님께 당신의 신앙 고백을 한다면 어떻게 하겠습니까? 우선 글로 기록해 보십시오. 그때 다음 사항을 염두에 두고 기록해 보십시오. 당신의 고백을 다른 사람 앞에서도 할 수 있게 되기를 바랍니다.

- 제가 주인 되어 살았던 저의 지난 모든 죄를 용서해 주십시오.
- 이제부터는 저를 위해 죽으시고 부활하신 예수님을 믿으면서 살겠습니다.
- 예수님이 저를 대신해서 죽으심으로 저의 모든 죄가 용서받았음을 믿고 감사드립니다.
- 예수님이 저의 구세주이며 주인이십니다.
- 이제는 제 인생의 주인이신 예수님의 말씀을 따라 살겠습니다. 저를 도와주십시오.

새로운
신분

군대에서 대령이 장군으로 진급하면 약 100가지가 바뀐다고 합니다. 군복도 바뀌고, 계급장도 바뀌고, 타는 차도 바뀔 것입니다. 그렇다면 우리가 예수님을 믿을 때 어떤 변화가 일어날까요?

제일 큰 변화는 우리가 하나님의 자녀가 된다는 것입니다. 죄를 지은 이후 에덴동산에서 쫓겨난 인간은 감히 하나님 앞에 나아갈 수도 없는 존재였는데, 예수님을 믿는 순간 하나님이 그런 우리를 하나님의 자녀로 인정해 주십니다. 요한복음 1장 12절을 보십시오.

"영접하는 자 곧 그 이름을 믿는 자들에게는 하나님의 자녀가
되는 권세를 주셨으니."

예수님을 영접하는 자에게는 하나님의 자녀가 되는 권세를 주

셨다고 했습니다. 하나님의 아들, 하나님의 딸이 되게 했다는 것입니다.

만일 어떤 임금이 거지를 데리고 와서 자기의 양자로 삼았다면 그 거지에게 어떤 일이 일어날까요? 어제까지는 거지였더라도 오늘부터는 왕자가 되는 것입니다. 어쩌면 아직은 손으로 밥을 먹는 것이 편하고, 침대보다는 방 한쪽 구석에서 쭈그리고 자는 것이 편할지도 모릅니다. 하지만 그의 신분은 왕자로 바뀐 것입니다. 마찬가지로 우리가 하나님의 양자가 되는 순간 우리의 신분 또한 하나님의 아들과 딸이 됩니다. 아직 우리에게 여러 가지 부족한 점이 보이겠지만, 우리의 신분이 완전히 바뀐 것입니다.

우선 우리에게 자녀의 권세가 생깁니다. 사탄이 우리를 함부로 대하지 못합니다. 왜냐하면 하나님 자녀의 권세가 있기 때문입니다. 물론 우리에게 사탄을 이길 힘과 능력은 없습니다. 하지만 우리에게는 하나님의 자녀로서 누릴 권세가 있습니다.

아주 큰 트럭을 몰고 가는 우락부락한 트럭 운전사가 신호를 위반했다고 생각해 봅시다. 아주 가냘프게 생긴 여자 경찰관이 그 트럭을 세우고 단속하면 트럭 운전사가 멈출까요? 물론 힘으로 하면 상대가 안 될 것입니다. 하지만 경찰에게는 경찰의 권세가 있습니다. 우리가 하나님의 자녀가 되는 순간 우리에게는 사탄을 이길 힘이 없지만, 하나님 자녀의 권세가 있기에 사탄을 이길 수 있게 되는 것입니다.

하나님의 자녀가 된다는 말은 인간이 범죄하면서 잃어버렸던 하나님과의 관계를 완전히 회복하게 된다는 말입니다. 그리고 인간이 범죄한 이후 인간을 통치하면서 고통 가운데로 몰아넣었던 마귀의 압제에서 완전히 벗어나게 된다는 말입니다.

그동안 감히 하나님의 얼굴을 뵐 수 없어 숨을 수밖에 없던 인간이 이제는 하나님의 자녀가 되어 하나님을 향해 아버지라고 부를 수 있게 되었습니다. 온 우주의 주인이신 하나님, 온 세상을 통치하시는 하나님이 우리의 아버지가 되는 것입니다. 아들이면 아버지에게 당당하게 이야기할 수 있지 않습니까? 우리도 하나님에게 당당히 이야기할 수 있습니다. 그게 기도입니다.

바울은 이렇게 예수님을 모시고 사는 사람은 마치 질그릇 안에 보배를 담고 있는 것과 같다고 했습니다. 질그릇은 너무 약해서 작은 충격에도 부서집니다. 그러나 그 안에 예수님을 모시는 순간 그 사람은 어떤 고난과 역경에도 쓰러지지 않고 당당할 수 있게 된다는 것입니다. 원래 그릇의 가치는 무엇을 담는가에 의해서 결정됩니다. 똑같은 병인데도 물을 담으면 물병, 술을 담으면 술병, 약을 담으면 약병이 됩니다. 예수님을 모신 사람은 그 사람의 외모, 학벌, 재산의 정도와 관계없이 가장 소중하고 특별한 사람이 되는 것입니다.

그럼 우리 주위에 있는 그리스도인과 나는 어떤 관계가 될까요? 하나님을 아버지로 모신 형제자매입니다. 가정에서는 같은 피로 형제자매가 되었다면, 그리스도인은 그리스도의 피로 한 형제자매가 된 것입니다.

1. 예수님이 마음 문을 두드리실 때 당신은 문을 열 준비가 되어 있습니까?

2. 예수님을 삶의 주인으로 모시려면 당신의 삶의 주인 자리를 예수님께 내어 드려야 합니다. 이렇게 하려고 할 때 제일 마음에 걸리는 것은 무엇입니까?

3. 회개는 완전한 방향 전환을 의미합니다. 지금까지 살던 방식과는 다르게 살아야 할 것이 있다면 한두 가지만 이야기해 봅시다.

4. 앞에서 작성한 당신의 신앙 고백을 읽어 봅시다.

5. 예수님을 믿을 때 당신은 하나님의 자녀가 되는 권세를 얻게 됩니다. 하나님의 아들, 딸로서 아버지께 하고 싶은 이야기가 있다면 무엇입니까?

5

복음은 고루한 옛이야기가 아닙니다.
그 안에는 진정한 생명이 있습니다.
그 안에는 세상이 줄 수 없는
놀라운 풍성함이 있습니다.

복음이란
무엇인가

>

기쁜 소식
(Good News)

　신약성경을 펼치면 마태복음, 마가복음, 누가복음, 요한복음 같은 성경이 쭉 이어집니다. 마태, 마가, 누가, 요한은 각각의 책을 기록한 사람의 이름입니다. 그렇다면 복음이란 말은 무슨 뜻일까요? 복음은 한마디로 기쁜 소식(good news)입니다. 그러니까 마태복음은 마태가 쓴 기쁜 소식이라는 뜻입니다. 이 네 권의 복음서에는 기쁜 소식이 가득 담겨 있습니다.

　누가복음에 보면 예수님이 탄생하셨을 때, 양을 치고 있던 목자들에게 천사가 나타나서 예수님의 탄생을 알렸습니다. 그때 천사는 목자들에게 "내가 온 백성에게 미칠 큰 기쁨의 좋은 소식을 너희에게 전하노라"(눅 2:10)라고 했습니다. 예수님의 탄생이 온 백성에게 미칠 큰 기쁨의 좋은 소식, 즉 복음이었다는 것입니다.

　예수님의 탄생이 왜 복음이 되는 것일까요? 당신은 어떤 소식을 들을 때 가장 기쁠 것 같습니까? 그것은 각자의 상황에 따라

다를 것입니다. 예를 들어, 몇 날 며칠 동안 굶주린 사람이 있다고 합시다. 이 사람에게 제일 기쁜 소식은 먹을 것을 준다는 말일 것입니다. 누군가가 아주 좋은 옷을 준다면 안 기쁜 것은 아니지만 복음은 아닐 것입니다. 추위에 벌벌 떨면서 얼어 죽을 것 같은 상황에 있는 사람에게는 추위를 이길 수 있는 따뜻한 옷을 준다는 말이 가장 기쁜 소식일 것입니다.

그렇다면 사형 선고를 받고 죽음을 앞둔 사람에게 가장 기쁜 소식은 무엇일까요? 사면되었다는 말 혹은 사형을 면해 준다는 소식일 것입니다. 실제로 이런 일을 겪은 사람이 있습니다. 러시아의 문학가 도스토옙스키(Fyodor Mikhailovich Dostoevskii)입니다. 도스토옙스키는 반정부 인사로 몰려 사형 선고를 받았습니다. 8개월 동안 감옥에 갇혀 있다가 마침내 사형을 당하려고 끌려가는 순간 갑자기 황제의 명령이라면서 사형 집행이 중단되었습니다. 물론 이 사건은 황제가 반정부 인사들에게 겁을 주려고 일부러 쇼를 한 거였지만, 도스토옙스키에게는 그야말로 죽다 살아난 엄청난 사건이었습니다.

그렇습니다. 죽음을 앞둔 사람에게 생명을 준다는 소식보다 더 좋은 소식은 없을 것입니다. 죽음을 앞둔 사람에게는 맛있는 음식, 따뜻한 옷, 엄청난 재산을 준다고 해도 아무런 의미가 없습니다.

우리는 앞에서 인간의 죄와 죄의 결과인 죽음에 대해서 살펴보았습니다. 그리고 사람이라면 그 누구도 이 문제에서 자유로울 수 없다는 것을 확인했습니다. 죄로 인해 하나님의 심판을 받아 영원히 멸망 받고 죽을 수밖에 없는 우리에게 진짜 복음은 예수 그리스도를 통해서 죄 용서함을 받고 사망에서 생명으로 옮겨졌다는 이 소식일 것입니다. 그래서 천사는 예수님의 탄생을 전하면서 큰 기쁨의 좋은 소식이라고 했던 것입니다.

우리가 죄를 용서받고 사망에서 생명으로 옮겨지는 과정에서 한 일은 아무것도 없습니다. 착한 일을 많이 했다거나 하나님을 감동시킬 만한 행동을 한 것도 없습니다. 그래서 이 복음을 설명할 수 있는 한 단어가 있다면 은혜입니다. 우리가 한 것은 아무것도 없는데 하나님께서 우리에게 은혜를 베풀어 주신 것입니다.

당신이 예수 그리스도를 영접했다면, 당신은 세상 그 어떤 것과도 바꿀 수 없는 가장 기쁜 소식을 받은 주인공이라는 것을 기억하면 좋겠습니다.

복음의
감격

누군가를 사랑해 본 적이 있습니까? 누군가를 사랑하면 그 사람을 위해서 시간을 내고 돈을 쓰고 어려운 일을 하는 것이 하나도 힘들지 않습니다.

예수님을 믿는 사람이 예수님의 뜻을 따라 사는 것은 복음의 감격에서부터 시작됩니다. 복음의 감격이 크면 예수님의 뜻을 따라 사는 일이 하나도 힘들지 않습니다. 나를 사랑해서 나를 위해 생명을 바치신 예수님의 은혜가 너무 크기에, 나를 위해서 사랑을 쏟아 주신 예수님의 뜻을 따라 사는 것이 하나도 힘들지 않습니다. 오히려 더 기쁘고 영광스럽습니다.

만일 예수님의 뜻을 따라 사는 것이 힘들게 느껴진다면, 가장 큰 이유는 복음의 감격이 식었기 때문입니다. 복음의 감격이 커지려면 두 가지 조건이 충족되어야 합니다. 첫째는, 나를 향한 하나님의 사랑이 얼마나 큰지를 알아야 합니다. 둘째는, 내가 하나님의 사랑을 받을 자격이 없는 엄청난 죄인이라는 것을 깨달아야 합니다.

하나님의 사랑과 나의 죄인 됨의 폭이 얼마 안 되면 그 감격도 얼마 안 될 것입니다. 만일 그 얼마 안 되는 높이에서 물을 흘려 보내면 도랑물처럼 흐를 것입니다. 거기에 전기를 발생시킬 발전기를 단다면 꼬마전구에 겨우 불이 들어올 정도의 전기를 만들어 낼 것입니다. 이 힘으로 예수님의 뜻을 따라 살려고 하면 너무 힘들고 쉽게 지치게 될 것입니다. 그런데 만일 하나님의 사랑과 나의 죄인 됨의 폭이 엄청나게 크다면 나이아가라 폭포 같은 물줄기가 생길 것입니다. 거기에 발전을 위해서 터빈을 걸면 웬만한 마을 사람이 다 쓰고도 남을 전기가 발생할 것입니다.

신앙이 자란다는 것은 이 복음의 감격이 커진다는 것을 의미합니다. 그런데 오래 신앙생활을 했음에도 불구하고 복음의 감격이 커지지 않는 경우가 있습니다. 어떤 경우일까요?

우선 하나님의 사랑이 커지는 것을 방해하는 것이 있는데, 그 자리에 내 공로가 들어가는 것입니다. 내가 하나님을 위해서 무엇인가를 했다는 공로 의식이 들어가면 하나님의 사랑이 별로 크게 느껴지지 않을 것입니다. 내가 무엇인가를 잘해서 하나님이 나를 사랑하신다고 생각할 테니 말입니다.

또 하나, 내가 얼마나 비참한 죄인인지를 깨닫지 못하게 하는 것이 있는데 바로 위선과 가식입니다. 실제의 나는 너무나 심각한 죄인인데 적당한 위선과 가식적인 행동을 함으로써 자신이 꽤 괜찮은 사람인 것처럼 꾸밀 수 있다는 것입니다. 처음에는 다른 사람이 속는데, 나중에는 자신도 속을 수 있습니다.

이렇게 내 공로와 위선이 복음의 감격을 축소시키면 그때부터 신앙생활은 굉장히 부담스럽고 힘든 것이 됩니다. 반면에 복음의 감격이 커지면 주님을 따라 사는 삶이 힘들지 않은 것은 물론, 너무 기쁘고 신나는 삶이 됩니다. 죄로 인해서 영원히 멸망 받을 수밖에 없는 내가 하나님의 은혜로, 예수 그리스도의 사랑으로 구원받아 하나님의 자녀가 되어 하나님을 아버지라고 부를 수 있게 된 이 감격이 우리를 움직이게 해야 합니다. 그게 우리 신앙생활의 힘의 원천이 되어야 합니다.

복음의
유사품

명품 가방이나 신발, 보석 같은 것을 사고 싶은데 돈이 없는 사람이 찾는 것이 있습니다. 바로 유사품입니다. 겉으로는 거의 비슷해 보이는데 실제로는 전혀 다른 제품을 유사품이라고 부릅니다. 유사품은 명품에만 있습니다. 아주 싸구려 물건을 비슷하게 만들어서 유사품으로 파는 경우는 없습니다. 그렇게 만들 이유가 없기 때문입니다. 왜 기독교와 관련된 이단이나 사이비가 많을까요? 그건 기독교가 명품이기 때문입니다.

기독교 신앙의 핵심이 복음이라고 했는데, 이 복음에도 유사품이 있습니다. 복음의 유사품은 복음과 비슷해 보이는데 실제로는 복음과 완전 다른 것입니다. 이 잘못된 복음을 받아들이면 그 사람의 신앙은 완전히 엉터리가 되고 맙니다.

복음의 핵심은, 사망에서 생명으로 옮겨지기까지 내가 한 것은 아무것도 없고 모두가 하나님의 은혜로 되었다는 것입니다. 그리고 우리는 그 은혜의 감격 때문에 주님의 뜻을 따라 살아간다는 것입니다.

이 복음의 첫 번째 유사품은, 내가 무엇인가를 해서 하나님에게 생명의 약속을 받아 냈다고 하는 것입니다. 이것은 다른 종교의 전형적인 특징입니다. 다른 종교는 내가 무엇인가 노력해서 신을 감동시키고 그 결과로 신에게 무엇인가를 받아 내는 것입니다. 그래서 착한 일을 많이 하고 수행을 쌓으면서 신을 감동시키기 위해서 노력합니다. 어떨 때는 신에게 무엇인가 큰 빚을 지운 것 같은 생각이 듭니다. 내가 이렇게까지 섬겼으니 신이 나를 위해 무엇인가를 해 주어야 한다고 생각합니다. 그런데 때로는 불안합니다. 내가 쌓은 선행과 수행이 신을 완전히 감동시켰는지, 아니면 신을 감동시키기에 턱없이 모자랐는지 불안한 것입니다. 잘하다가도 무엇인가 한 가지를 잘못하면 신이 노할 것 같아서 조마조마합니다. 이들에게는 늘 신에 대한 두려움과 불안함이 있습니다.

문제는 예수님을 믿는다면서 이런 식으로 신앙생활을 하는 사람이 있다는 것입니다. 작은 잘못이라도 하면 하나님께서 노하셔서 내게 벌을 내리실 것 같아 하나님께 잘 보이려고 애를 쓰는 경우가 있습니다. 이것은 엄격한 의미에서 신앙생활이라기보다는 종교 생활입니다. 다른 신의 이름 대신 하나님을 넣었을 뿐, 실제적으로는 다른 신을 섬기는 것과 별로 다르지 않습니다.

또 한 가지 복음의 유사품은, 하나님의 은혜를 과도하게 강조한 나머지 내가 어떻게 살건 하나님의 은혜는 계속된다고 주장하는 것입니다. 그들은 하나님의 뜻을 따라 살려는 모든 시도가 불필요한 것이라고 말합니다. 그리고 자기 멋대로 살면서도 하나님의 은혜가 자기의 모든 죄를 용서했기 때문에 아무 문제가 없다고 말합니다. 그들은 복음의 한쪽 면만을 과도하게 강조하면서 일종의 정신 승리를 하고 있는 것입니다.

이런 유사품과 구별되는 복음의 핵심은, 사망에서 생명으로 옮겨지는 과정에서 우리가 한 것은 아무것도 없으며 오직 하나님의 은혜 때문에 일어난 일임을 믿는 것입니다. 동시에 그 큰 은혜의 감격으로 하나님의 뜻을 따라 살려는 간절한 마음이 생기는데, 그것은 책임감이나 의무감이 아니라 우리 안에 있는 복음의 감격 때문에 너무나 자연스럽게 일어나는 것입니다. 내게 생명 주신 주님의 은혜를 생각하면서 그분이 기뻐하시는 삶을 살게 되는 것입니다.

복음의
풍성함

요한복음 10장에서 예수님은 자신이 선한 목자이고 우리는 그 목자를 따르는 양이라고 설명하셨습니다. 그러다가 요한복음 10장 10절에 보면 예수님께서 이 땅에 오신 이유를 스스로 말씀하시는 내용이 나옵니다.

"내가 온 것은 양으로 생명을 얻게 하고 더 풍성히 얻게 하려는 것이라."

두 가지를 말씀하셨는데, 첫째는 양으로 생명을 얻게 하는 것이고, 둘째는 더 풍성히 얻게 하려는 것이라고 하셨습니다. 한마디로 우리에게 생명과 풍성한 삶을 주기 위해서 오셨다는 것입니다. 만일 우리가 주님을 제대로 믿고 있다면 우리 안에는 생명과 생명의 풍성함이 넘쳐나야 합니다. 마지못해서 간신히 신앙생활하는 것이 아니라, 기쁨과 감사가 넘치고 주님이 주시는 풍성한 은혜를 누리면서 살아가야 정상인 것입니다.

에스겔 선지자는 자기가 본 환상을 에스겔 47장에 기록하고 있습니다. 거기에 보면 하나님의 성전에서 물이 나와서 강을 이루는데, 처음에는 그 깊이가 발목 정도 되다가 그다음에는 무릎 그리고 허리, 나중에는 거기서 수영하고 다닐 만큼 많은 물이 흘러나왔습니다. 그리고 이 물이 흘러가는 곳마다 강가에 나무가 푸르게 자라나고, 나중에 그 강물이 죽음의 바다라고 부르는 사해에 흘러 들어가자 그곳에 많은 물고기가 살게 되어서 어부들이 그물을 칠 정도가 되었습니다.

비슷한 그림이 요한계시록 22장에도 나옵니다. 어린양의 보좌에서부터 물이 흘러나오는데, 이 물이 흘러가는 강 좌우편에 생명나무 열매들이 맺히고 그 나무 잎사귀들은 사람을 치료하는 약재료가 되었습니다.

에스겔이 본 환상과 요한이 본 환상의 공통점이 있습니다. 이 물의 첫 출발이 하나님 혹은 예수님이라는 것입니다. 에스겔은 하나님께서 임재해 계시는 성전에서부터 물이 흘러나오는 것을 보았습니다. 그리고 요한은 예수님의 보좌에서부터 물이 흘러나왔다고 했습니다.

그렇다면 이들이 본 환상의 의미는 무엇일까요? 이것이 복음의 힘이라는 것입니다. 복음이 전해지는 곳마다 생명과 기쁨, 풍성함이 넘쳐나게 된다는 것을 보여 준 것입니다. 죽어 가던 사람들이 살아납니다. 온갖 나쁜 짓을 일삼던 사람의 삶에 거룩한 하나님의 자녀다운 삶이 시작됩니다. 소망 없이 살던 사람에게 소망이 생기고, 절망 가운데 좌절하면서 살던 사람의 입에서 기쁨의 찬송이 울려 퍼지게 되는 것입니다.

복음에는 이렇게 생명이 있고 풍성함이 있습니다. 이 복음의 풍성함은 나누어 준다고 줄어들지 않습니다. 나누어 줄수록 더 깊은 은혜와 감격이 넘쳐나게 되어 있습니다.

복음은 고루한 옛이야기가 아닙니다. 복음을 믿는 사람의 삶은 자유를 잃어버리고 하고 싶은 것도 못 한 채 재미없이 사는 것이 아닙니다. 그 안에는 진정한 생명이 있습니다. 그 안에는 세상이 줄 수 없는 놀라운 풍성함이 있습니다.

복음
전하기

요즘 SNS에 보면 어떤 식당에 다녀온 다음 너무 맛있었다고 후기를 남기고 음식 사진을 찍어서 올린 사람들의 글이 많습니다. 멋진 공간, 자기가 사용해 본 물건의 좋은 점들을 올린 글도 많습니다. 대부분은 돈 한 푼 받지 않는데도 열심히 올려 줍니다. 자기가 경험한 맛 집이나 좋은 물건을 자기만 알기에는 너무 아깝다는 생각 때문에 이런 글들을 올리는 것입니다.

그렇다면 진짜 복음의 감격을 경험했을 경우 이것을 누군가에게 알리고 싶지 않을까요? 모든 인간은 죄 때문에 영원히 심판받고 죽음의 자리로 떨어져야 했습니다. 그런데 이런 나를 위해서 예수님이 대신 죽으심으로 내게 생명과 복음의 풍성함을 주셨습니다. 만일 우리가 이 사실을 믿고 경험하고 있으면서도 이것을 자기만 알고 다른 사람들에게 전하지 않는 것은 너무 이기적인 자세가 아닐까요? 그 감격을 혼자만 알 수 없어 누군가에게 이 복음을 전하는 것, 그것을 전도라고 부릅니다.

가끔 다른 사람들이 전도하는 것을 매우 비판적으로 보는 사람이 있습니다. 믿든 말든 각자가 알아서 하면 되지 왜 나에게 믿으라고 이야기하는지 이해할 수 없고 너무 귀찮기만 하다고 생각하는 사람도 꽤 있을 것입니다. 그런데 만일 복음의 감격을 경험한 사람이 그것을 아무에게도 전하지 않는다면, 이 사람은 단순히 이기적인 사람이 아니라 아주 나쁜 사람이라고 할 수 있습니다. 그냥 좋은 정보를 알려 주는 것이 아니라 죽음의 구렁텅이에 빠진 사람을 건져 주는 일인데, 각자 알아서 하면 된다면서 자기만 신앙생활을 한다면 그는 아주 나쁜 사람일 것입니다.

가끔 신앙생활을 반대하는 부모나 가족들에게 복음을 전하기는커녕 그들이 돌아가시면 열심히 믿겠다고 말하는 사람들이 있습니다. 이들은 복음을 잘 모르는 사람일 것입니다. 예수님이 이 세상을 떠나가기 전 마지막으로 내리신 명령이 사도행전 1장 8절입니다.

"오직 성령이 너희에게 임하시면 너희가 권능을 받고 예루살렘과 온 유대와 사마리아와 땅끝까지 이르러 내 증인이 되리라 하시니라."

예수님은 우리에게 땅끝까지 이르러 주님의 증인이 되라고 하셨습니다. 다른 말로 하면, 복음을 땅끝까지 전하라고 하신 것입니다.

복음을 제대로 전하기 위해서는 반드시 복음의 감격이 있어야 합니다. 어떤 물건을 파는 사람이 물건의 효능에 대한 확신이 없다면 그것을 누가 사겠습니까? 복음의 감격을 가진 사람이 복음을 전할 때 기계적으로 복음을 전하는 사람과는 비교할 수 없는 전도의 열매가 맺히게 될 것입니다. 복음을 전하는 것은 죽음으로 달려가는 사람에게 생명을 주는 일이며, 절망과 고통 속에서 사는 사람에게 풍성한 삶을 선물하는 일입니다.

1. 예수님이 이 땅에 오신 것이 왜 기쁜 소식(복음)이 되는 것일까요?

2. 복음의 감격이 커지려면 먼저 하나님의 크신 사랑을 깨달아야 합니다. 동시에 내가 얼마나 큰 죄인인지를 깨달아야 합니다. 그런데 이두 가지 깨달음을 방해하는 것들이 있습니다. 무엇입니까?

3. 복음의 두 가지 유사품이 무엇인지 이야기해 봅시다.

4. 요한복음 10장 10절에서 예수님이 이 세상에 오신 두 가지 목적은무엇입니까?

5. 복음의 감격을 먼저 경험한 당신이 이 복음을 전해 주고 싶은 사람이 있다면 누구입니까?

하나님의 말씀이 우리의 생각을 바꾸고,
우리의 삶의 방향과 목적을 바꾸고,
우리의 가족이나 이웃을 대하는 태도를 바꾸어 갈 때
우리는 성경이 말씀하시는 복된 삶을
살아갈 수 있게 될 것입니다.

성경은
어떤 책인가

하나님과의
대화

예수님을 믿을 때 우리는 하나님의 자녀가 되는 특권을 얻게 됩니다. 하나님을 아버지라고 부를 수 있게 됩니다. 그때부터 우리에게 하나님은 무섭고 두려워서 가까이할 수 없는 분이 아니라, 아버지라고 부르고 가까이 가서 대화를 나눌 수 있는 분이 됩니다. 이때 하나님과 우리가 대화하는 방향에는 두 가지가 있는데, 하나는 하나님께서 우리에게 말씀하시는 방향이고, 다른 하나는 우리가 하나님께 말씀드리는 방향입니다.

하나님께서 우리에게 말씀하실 때는 두 가지 방법을 사용하시는데, 하나는 자연 현상을 통해서 말씀하시는 것입니다. 이것을 좀 어려운 말로 '일반 계시'라고 합니다. 예를 들면, 변함없이 해가 뜨고 해가 지는 것을 보면서 '아, 하나님은 정말 한 치의 빈틈도 없이 온 세상을 통치하시는구나' 하는 것을 알 수 있습니다. 그리고 아무리 악한 사람에게도 비를 내리고 햇빛을 비춰 주시는 것을 통해서 하나님이 이 세상을 얼마나 사랑하시는지 알 수 있습니다.

그러나 이런 일반 계시로는 하나님의 뜻을 온전히 알 수 없습니다. 그래서 하나님은 자신의 특별한 뜻을 구체적이고도 자세하게 알려 주셨는데, 그게 바로 성경입니다. 그래서 성경을 '특별 계시'라고 부릅니다.

이와는 반대로 우리가 하나님께 말씀드릴 때도 있습니다. 하나님께 말씀드릴 수 있는 가장 확실한 방법은 기도입니다. 기도를 통해서 하나님 아버지께 다가가 말씀드리는 것입니다.

성경과 기도는 하나님과 우리가 대화하는 가장 확실한 통로입니다. 우리는 성경과 기도를 통해서 하나님과 대화하고, 하나님과 인격적인 교제를 나눌 수 있습니다. 대화 없는 가정을 생각해 보십시오. 부모와 자녀 사이에 아무런 대화가 없다면 얼마나 삭막하겠습니까? 하나님과 우리 사이에 대화가 단절된다면 그것은 너무나 큰 비극일 것입니다. 하나님은 우리가 하나님께 나아가 대화하는 것을 기뻐하십니다.

성경을 읽고 기도하는 것은 종교적 수행이고, 이런 것을 많이 해야 신앙이 깊어진다는 식으로 접근하지 않았으면 좋겠습니다. 하나님과 우리가 깊이 만나서 서로의 마음을 알아 가는 것, 서로를 사랑하는 통로라고 이해하는 것이 가장 좋을 것입니다.

자녀들이 사춘기가 되면 부모의 말을 듣기 싫어합니다. 사춘기가 되면 자녀들은 자기가 이제 충분히 스스로 결정할 수 있다고 생각하지만, 부모 입장에서 보면 아직 미성숙한 상태입니다. 그런데도 자기 스스로 다 알고 있다고 생각하기에 부모의 말에 귀를 막고 대들기도 합니다. 그런데 알고 보면 그때가 제일 위험할 때입니다. 아담과 하와가 범죄하는 장면을 생각해 보십시오. 그들은 분명 선악과를 먹지 말라는 하나님의 말씀을 들어 알고 있었지만, 하나님의 말씀 대신 자기들의 생각대로 행동했습니다. 그리고 그 결과는 파멸이었습니다.

아이들이 부모의 말을 잘 듣는다고 할 때 듣는다는 것은 단지 귀로 듣는 것을 의미하지 않습니다. 부모의 말을 듣고 순종할 때 잘 듣는다고 합니다. 우리가 성경을 통해서 하나님의 말씀을 들을 때 단지 성경을 읽거나 듣는 것만 가지고는 제대로 듣는다고 할 수 없습니다. 성경을 읽고, 듣고, 지키는 자리까지 나아가야 제대로 듣는 거라고 할 수 있을 것입니다.

하나님의 말씀이라는 거울 앞에서 자신의 모습을 돌아보며 때로는 감사하고 때로는 회개하는 가운데 한 걸음씩 나아갈 때, 그 말씀이 우리를 세워 가는 것을 경험하게 될 것입니다.

$$3 \times 9 = 27$$

　　오래전 인쇄술이 발명되기 전까지는 성경을 갖는다는 것이 꿈같은 이야기였습니다. 성경 한 권을 만들려면 우선 성경을 기록할 양피지를 구해야 하는데 그 값이 꽤 비쌌습니다. 게다가 글자 한 자, 한 자를 그대로 베껴 쓰는 서기관들의 수고가 들어가야 했습니다. 그 부피도 엄청났습니다. 이후 종이의 발명과 인쇄술의 발전으로 성경이 책의 형태로 만들어지면서 성경을 갖는 것이 비교적 쉬워졌습니다. 그런데 또 한 가지 어려운 문제가 있었습니다. 그것은 성경을 번역하는 문제였습니다. 로마 가톨릭에서는 성경을 모국어로 번역하는 것을 금지했습니다. 번역하다가 오류를 만들어 낼 수 있다고 걱정했기 때문입니다. 그래서 성경을 번역하는 사람들이 박해를 받았고, 심하면 화형을 당하기까지 했습니다. 그러니 자기 모국어로 된 성경을 갖는다는 것은 꿈같은 이야기였습니다.

그러다 보니 하나님의 말씀을 들을 수 있는 통로가 성경을 가지고 해석해 주는 사제들의 말을 듣는 길밖에 없었습니다. 사제들이 엉터리로 말해도 그게 엉터리인지 제대로 된 가르침인지 알 길이 없었습니다.

종교 개혁이 일어나고 성경이 모국어로 번역되자 종교 개혁의 불길이 온 유럽으로 번져 갔습니다. 시골 동네 무명의 수도사였던 마틴 루터(Martin Luther)가 어떻게 교황의 엄청난 위력 앞에 맞설 수 있었겠습니까? 성경을 모국어로 읽은 사람들이 무엇이 진정한 진리인지를 깨달았기에 종교 개혁이 성공할 수 있었던 것입니다.

지금도 자신의 언어로 된 자기 성경을 갖지 못한 사람들이 꽤 많습니다. 특히 소수 부족들은 문자가 없기에 성경을 가지는 것이 거의 불가능합니다. 그런 의미에서 우리말로 된 성경책을 가지고 읽을 수 있다는 것은 엄청난 특권이라고 할 수 있습니다.

수천 년이 지나도 변하지 않는 진리의 말씀인 성경을 갖는 것도 복이지만, 그 책을 읽고 하나님의 뜻을 깨달아 안다면 그것은 더 말할 수 없는 은혜일 것입니다. 요한계시록 1장 3절에 보면, "이 예언의 말씀을 읽는 자와 듣는 자와 그 가운데에 기록한 것을 지키는 자는 복이 있나니"라고 했습니다. 여기서 말하는 예언의 말씀은 요한계시록을 의미하지만, 확대해서 생각해 보면 하나님의 말씀을 읽고 듣고 지키는 것이 우리에게 큰 복이라는 것을 기억하면 좋겠습니다.

성경은 한 권의 책이지만, 그 안에는 66권의 책이 들어 있습니다. 예수님이 태어나시기 전에 기록된 책을 구약이라고 하고, 예수님이 태어나신 후에 기록된 책을 신약이라고 합니다. 구약은 총 39권, 신약은 총 27권, 합하면 66권이 됩니다. 구구단 '삼 구 이십칠'(3×9=27)을 기억하면 좋을 것입니다.

성경의 기자는 약 40명 정도 됩니다. 그중에는 목자, 농부, 제사장, 세리, 어부, 선지자, 의사 등 다양한 직업을 가진 사람들이 있었습니다. 이들이 약 1,500년 동안 기록한 책을 한 권으로 모은 것을 성경이라고 부릅니다.

그런데 디모데후서 3장 16절에 보면 '모든 성경은 하나님의 감동으로 된 것'이라고 말합니다. 다시 말하면, 성경의 원저자인 성령께서 인간 기자를 감동시키셔서 기록한 것이라는 말입니다. 그래서 인간 기자의 다양한 경험과 생각이 반영되었지만, 그 모든 기록이 오류 없이 일관성을 가지도록 역사하신 분은 성령이라는 것입니다.

그래서 우리는 성경을 읽을 때 하나님께서 우리에게 하신 말씀이라고 생각하며 읽어야 합니다. 수천 년 전이나 지금이나 하나님의 말씀은 변함이 없습니다. 디모데후서 3장 16절 후반부에 보면, 성경은 교훈과 책망과 바르게 함과 의로 교육하기에 유익한 책이라고 말합니다. 그래서 성경을 읽으면 무엇이 바른 삶인지, 우리가 지금 무엇을 잘못하고 있는지, 그리고 우리가 어떻게 살아야 하는지를 분명히 알 수 있습니다.

성경의 중심,
예수 그리스도

우리가 어떤 경치를 조망할 때 산속에 들어가 돌 하나, 나무 하나, 꽃 한 송이를 보면서 감동하기도 하지만, 때로는 멀리서 보아야 산 전체의 경치가 어떤지를 알 수 있습니다. 우리가 책을 읽을 때도 비슷한 원리가 적용됩니다. 어떨 때는 한 페이지, 혹은 한 문장 속에 담긴 심오한 말을 읽고 감동하기도 하지만, 동시에 책 전체의 큰 흐름을 알고 읽어야 책의 내용을 잘 이해할 수 있습니다.

성경을 읽을 때도 마찬가지입니다. 짧은 본문 속에 담긴 심오한 뜻도 헤아려 알아야 하지만, 동시에 성경 전체를 관통하는 큰 그림도 볼 수 있어야 합니다. 그렇다면 성경을 관통하는 가장 큰 중심 주제는 무엇일까요? 바로 예수 그리스도입니다. 구약이 앞으로 오실 예수님에 대해서 말한 것이라면, 신약은 이미 오신 예수님에 대해서 말하는 것입니다. 따라서 구약에 나오는 여러 말씀을 읽을 때는 본문 자체의 뜻을 이해할 뿐만 아니라 그 본문이 앞으로 오실 예수님에 대해서 어떻게 말하는지를 볼 수 있어야 합니다.

부활하신 예수님이 엠마오로 가는 두 제자에게 나타나셨을 때 제자들은 예수님을 알아보지 못했습니다. 그때 예수님은 구약성 경에 나오는 여러 말씀을 통해서 자신의 죽음과 부활에 관해서 설명해 주셨습니다. 나중에 그들이 예수님을 알아보았을 때 그분 은 이미 보이지 않았습니다. 그때 한 제자가 "길에서 우리에게 말 씀하시고 우리에게 성경을 풀어 주실 때에 우리 속에서 마음이 뜨겁지 아니하더냐"(눅 24:32)라고 말했습니다.

예수님을 부르는 다른 이름은 '그리스도'입니다. 그리스도라는 말은 원래 예수님의 이름이 아니라, 메시아라는 히브리어를 헬라 어로 번역한 말입니다. 그대로 직역하면 '기름 부음 받은 자'라는 뜻입니다. 원래 기름 부음을 받는 세 가지 직분이 있었습니다. 왕, 제사장, 선지자인데, 그들 중에는 정말 훌륭하고 귀한 일을 한 이 들이 많았습니다. 하지만 그 어떤 왕이나 제사장, 선지자도 완벽 하지는 않았습니다. 그래서 구약 시대의 성도들은 왕이나 제사 장, 선지자들의 부족한 부분을 보면서 '정말 완벽한 왕, 제사장, 선지자가 있다면 얼마나 좋을까'라는 기대를 하게 되었습니다. 그렇게 완벽한 메시아를 기다리고 기다렸는데 마침내 오신 분이 예수님입니다. 그 예수님께서 완벽한 메시아, 즉 그리스도였고, 그리스도는 역사상 단 한 명밖에 없기 때문에 그리스도라는 일반

명사가 예수님을 가리키는 고유 명사가 된 것입니다.

예수님은 최초의 인간, 아담이 깨뜨린 하나님과의 관계를 회복하는 분으로 오셨습니다. 포로로 잡혀갔던 사람들이 그토록 원했던 고향인 예루살렘으로 돌아갔지만, 그곳이 그들이 영원히 살 곳은 아니었습니다. 그들은 더 나은 고향을 기다리게 되었습니다. 예수님은 그들이 꿈꾸었던 영원한 고향인 천국으로 우리를 인도할 분이십니다. 출애굽기를 보면 모세가 이집트에서 노예 생활하던 사람들을 구출해서 광야를 통과하게 하고 마침내 가나안 땅에 들어가게 하는데, 예수님도 우리를 죄와 죽음에서 건져 내어 영원한 천국까지 인도하는 분이십니다. 하나님이 광야에서 고생하던 사람들에게 만나를 주어서 먹게 하셨다면, 예수님은 자기 몸을 우리에게 내어 주며 '나를 먹고 너희가 살라'고 하셨습니다.

이처럼 구약의 이야기는 그 자체로도 중요한 의미가 있지만, 그 이야기들이 앞으로 오실 예수님을 미리 보여 주는 경우가 많습니다. 그래서 우리는 성경을 성경 전체를 관통하는 예수님의 이야기로 읽어야 합니다. 동시에 오늘, 이 시대에 우리에게 주시는 본문의 깊은 의미도 같이 읽어야 합니다. 그때 우리는 성경을 통해서 말씀하시는 하나님의 깊은 뜻을 더 잘 알 수 있게 될 것입니다.

성경 읽기와
성경 묵상

무당이 사람들에게 자주 하는 말이 있습니다. '조상이 노하셨다'라는 말입니다. 그런데 왜 조상이 노하셨는지는 무당의 말을 들어 봐야 압니다. 다시 말해서, 무당의 말을 들어 보기 전까지는 어떨 때 조상이 좋아하고 어떨 때 조상이 화를 내는지 알 길이 없습니다.

만일 하나님이 자신의 뜻을 우리에게 전혀 알리지 않고 우리가 잘못했다고 화를 내거나 우리가 잘했다고 기뻐하신다면, 우리는 마치 눈을 감고 운전을 하는 것 같은 답답함을 느끼게 될 것입니다. 그런데 감사하게도 하나님은 우리에게 성경을 주셔서 자신의 뜻이 무엇인지 정확하게 알려 주셨습니다. 문제는, 우리가 이 성경을 읽지 않는다면 아무리 알려 주셔도 아무 소용이 없다는 것입니다.

그래서 성도들에게 꼭 필요한 것이 성경을 읽고 묵상하는 것입니다. 성경은 아무 곳이나 펼쳐서 읽기보다 계획을 세우고 전체를 읽어 가는 것이 좋습니다. 창세기부터 요한계시록까지 하루에 20분 정도 시간을 내서 세 장 내지 다섯 장을 읽는다면 1년에 성경 전체를 읽을 수 있습니다. 읽을 때 기계적으로 읽기보다는 성경의 저자이신 성령께서 우리 눈을 열어 주셔서 하나님의 말씀을 제대로 깨달을 수 있도록 기도하면서 읽는 것이 좋습니다.

성경을 읽을 때 소리를 내어 읽으면 눈으로 읽을 뿐만 아니라 입으로도 읽고 귀로도 읽게 됩니다. 여기에 마음을 열고 읽으면 마음으로도 성경을 읽게 됩니다. 그때 하나님께서 우리에게 하시는 말씀을 제대로 들을 수 있게 될 것입니다. 특별히 가족이나 성도들과 함께 성경을 읽고 받은 은혜를 나눈다면 훨씬 더 풍성한 은혜를 경험하게 될 것입니다.

성경 읽기와 함께 필요한 것이 성경 묵상입니다. 성경 묵상은 좀 짧은 본문을 깊이 읽는 것입니다. 같은 본문을 여러 번 읽으면서 그 말씀이 주시는 의미를 묵상하다 보면 성경의 내용이 옛날에 기록된 오래된 책으로 다가오는 것이 아니라, 바로 오늘 내게 주시는 하나님의 말씀으로 다가오게 됩니다.

성경을 묵상할 때는 본문에서 하나님, 예수님, 성령님에 대해 뭐라고 이야기하는지를 먼저 찾아내고, 그런 하나님의 성품이 나와 어떤 관계가 있는지를 묵상해 봅니다. 다음으로 묵상한 본문이 내게 주는 교훈이 무엇인지를 생각해 봅니다. 그러다 보면 감사한 것, 몰랐는데 제대로 알고 믿어야 할 것, 하나님께 고백해야 할 죄, 하나님께 기도할 제목, 구체적으로 순종하고 행동해야 할 것 등 여러 가지 생각들이 떠오르게 될 것입니다. 이것들을 노트에 적으면서 묵상한다면 하나님의 말씀이 당신을 새롭게 하고, 자라게 하고, 변화시켜 나가는 것을 경험하게 될 것입니다.

말씀 묵상의 마지막 단계는 묵상하면서 깨달은 것을 실천하는 것입니다. 하나님의 말씀이 우리의 생각을 바꾸고, 우리의 삶의 방향과 목적을 바꾸고, 우리의 가족이나 이웃을 대하는 태도를 바꾸어 갈 때 우리는 성경이 말씀하시는 복된 삶을 살아갈 수 있게 될 것입니다.

보통 이렇게 묵상하는 것을 '큐티'(QT, Quiet Time)라고 부릅니다. 때로는 큐티를 도와주는 여러 가지 교재를 활용하는 것도 성경 묵상에 큰 도움이 될 것입니다.

말씀으로
자라나기

한 생명의 탄생이 주는 큰 기쁨이 있습니다. 이렇게 태어난 생명은 계속해서 자라 가면서 주위 사람들에게 더 큰 기쁨을 줍니다. 만일 아이가 자라지 않고 어린아이 상태에 머물러 있다면 이것은 아이 자신에게 말할 수 없는 비극일 뿐만 아니라 주위 사람들에게도 큰 고민거리가 될 것입니다.

우리가 예수님을 믿고 새로운 사람으로 태어났는데 영적으로 자라지 않는다면 어떻게 될까요? 이 또한 우리에게 엄청난 비극일 것입니다. 한 아이가 자라려면 젖을 먹고 이유식을 먹다가 나중에는 고기같이 단단한 음식을 먹어야 합니다. 만일 아무 음식도 먹지 않는다면 절대로 자랄 수가 없습니다.

베드로전서 2장 2절에 보면 이런 말씀이 나옵니다.

"갓난아기들같이 순전하고 신령한 젖을 사모하라 이는 그로 말미암아 너희로 구원에 이르도록 자라게 하려 함이라."

갓 태어난 아이는 본능적으로 엄마의 젖을 찾습니다. 그리고 그 젖을 먹으면서 자라 갑니다. 우리가 영적으로 자라기 위해 필요한 것은 신령한 젖, 다시 말해서 하나님의 말씀을 사모하는 마음입니다. 그렇게 하나님의 말씀을 읽고, 듣고, 순종하면서 살다 보면 이 말씀이 우리를 자라게 하고, 성장시켜 갈 것입니다.

어린아이들은 단단한 음식을 먹지 못합니다. 처음에는 엄마 젖을 먹고, 이유식을 먹고, 나중에는 밥과 고기를 먹습니다. 성경을 읽을 때도 비슷합니다. 이해되지 않는 말씀 때문에 너무 고민할 필요 없습니다. 우선 이해가 잘되는 말씀을 읽고 묵상하는 것이 좋습니다. 그러면서 조금씩 좀 더 어려운 말씀을 읽어 나가면 됩니다.

우리가 음식을 먹고 움직이지 않으면 몸의 균형에 문제가 생깁니다. 열심히 먹을 뿐만 아니라 부지런히 몸을 움직여야 건강하게 자랄 수 있습니다. 성경도 마찬가지입니다. 읽기만 하고 지키지 않으면 영적 비만에 빠지게 됩니다. 무엇이 옳은 것인지 다알아 입으로는 옳은 이야기를 하지만 실제로는 전혀 움직이지 않는다면 그 사람은 심각한 상황을 맞게 됩니다. 자기가 아는 성경으로 다른 사람을 비난하고 정죄하면서 자기 자신은 전혀 변화되지 않는다면, 이 사람은 영적 갓난아이 상태에 머무르게 될 것입니다.

마태복음 5-7장까지를 산상 수훈이라고 부르는데, 이는 예수님께서 산 위에서 가르치신 소중한 교훈을 담고 있습니다. 이 본문의 말씀을 가르쳐 주신 주님은 마지막으로 한 가지 비유를 들려주십니다. 집을 짓는 비유인데, 예수님의 말씀을 듣고 순종하는 사람은 큰 반석 위에 집을 짓는 것과 같아서, 바람이 불고 비가 와서 홍수가 나도 끄떡없다고 했습니다. 하지만 예수님의 가르침을 듣고도 순종하지 않는 사람은 모래 위에 집을 짓는 것과 같아서, 바람이 불고 비가 와서 홍수가 나면 순식간에 다 무너지고 만다고 했습니다.

신앙생활한 지 오래되었는데도 믿음이 자라지 않는다면 두 가지 이유가 있습니다. 가장 큰 이유는, 하나님의 말씀을 읽고 듣는 것을 게을리 했기 때문입니다. 제대로 먹지 못해서 자라지 않는 것입니다. 또 하나는, 듣고 읽기는 하는데 순종하지 않는 것입니다. 그래서 모래 위에 지은 집처럼 무엇인가를 배우고 아는 것 같은데 작은 어려움이 오면 무너져 버리는 것입니다.

1. 당신은 성경을 통해서 하나님의 말씀을 들어 본 경험이 있습니까?

2. 40여 명이 기록한 66권의 책을 모아 둔 것이 성경입니다. 그런데 성경을 하나님의 말씀이라고 하는 이유가 무엇입니까?

3. 성경 전체를 꿰뚫는 가장 중요한 중심 주제는 무엇입니까?

4. 하루에 20분 정도 시간을 내서 세 장 내지 다섯 장을 읽으면 1년에 성경 전체를 읽을 수 있습니다. 같이 약속하고 한번 시작해 봅시다.

5. 예수님께서 들려주신 '모래 위에 지은 집'과 '반석 위에 지은 집'의 비유는 각각 무엇을 의미합니까?

기도는
거룩하신 하나님, 사랑이 많으신 하나님,
온 세상을 통치하시는 하나님,
은혜가 풍성하신 하나님을 만나는 것입니다.

기도는
어떻게
하는 것인가

하늘에 계신
우리 아버지

1077년, 신성로마제국의 황제 하인리히 4세(Heinrich IV)
와 교황 그레고리오 7세(Gregorius VII)가 사제 서품권 때문에 맞붙
었습니다. 황제는 교황을 가짜 성직자로 선언하고 폐위를 결정했
습니다. 반면에 교황은 하인리히 4세를 황제의 자리에서 파문했
습니다. 황제와 교황이 정면으로 충돌한 것입니다. 그런데 시간
이 지나면서 독일의 주교와 공작들은 황제의 반대편에 서게 되었
고, 결국 황제는 자기가 교황을 이길 수 없다는 것을 알고 교황에
게 굴복해서 항복 문서를 보냈지만 교황은 응답하지 않았습니다.
할 수 없이 황제는 추운 겨울 알프스 산을 넘어 교황이 머물고 있
던 카노사를 방문했습니다. 그런데 교황이 만나 주지 않자 추운
겨울 눈밭에서 맨발로 서서 기다린 끝에 굴욕적으로 사면을 받았
습니다. 이것이 잘 알려진 '카노사의 굴욕' 사건입니다.
　교황의 권위가 워낙 셌기 때문에 황제도 마음대로 만날 수 없

었습니다. 하물며 이름 없는 백성은 교황을 만난다는 것이 꿈같은 이야기였을 것입니다. 힘 있는 사람, 유명한 사람, 부자, 무엇인가 자문을 구하고 싶은 사람을 만나는 것은 절대 쉽지 않습니다. 돈이 있든지, 권력이 있든지, 줄이 있든지 뭐가 있어야 유명인사를 만날 수 있습니다. 그것도 한두 번은 만날 수 있지만 시도 때도 없이 만나는 것은 불가능합니다.

그렇다면 온 우주를 통치하시는 분을 만나려면 어떻게 해야할까요? 풍랑 이는 바다를 잔잔하게 하시는 분, 바다를 가르고 그 한가운데 길을 내시는 분, 하늘의 해와 달과 별을 만들고 그것들이 운행하도록 붙드시는 분이 계십니다. 그런데 그분을 만나려고 하는 나는 어떤 존재입니까? 거대한 우주에서 먼지만도 못한 존재입니다. 이런 내가 우주의 통치자이신 분을 만날 수 있을까요?

우주의 먼지만도 못한 우리가 온 우주의 통치자이신 그분, 하나님을 만나는 것이 바로 기도입니다. 그런데 하나님은 어쩌다한 번 어렵게 만나는 분이 아닙니다. 언제 어디서나 바로 만날 수있습니다. 그리고 하나님은 그렇게 자기를 찾는 자들을 기뻐하십니다.

사실 다른 종교에도 기도가 있습니다. 그런데 기독교의 기도가 다른 종교의 기도와 가장 크게 다른 점이 있다면, 그것은 바로 기도의 대상이신 하나님을 아버지라고 부른다는 것입니다. 그래서 두려움과 공포로 신 앞에서 이야기하는 것이 아니라, 사랑 가득

한 마음으로 아버지에게 당당하게 이야기할 수 있습니다.

그렇다면 기도를 어떻게 해야 할까요? 예수님의 제자들도 이것이 궁금했습니다. 그래서 예수님께 기도를 어떻게 해야 할지를 여쭈었습니다. 그때 예수님께서 가르쳐 주신 기도가 '주기도문' 입니다. 그 기도의 내용을 알기 위해 먼저 마태복음 6장 9-13절을 읽어 봅시다.

> "그러므로 너희는 이렇게 기도하라 하늘에 계신 우리 아버지여 이름이 거룩히 여김을 받으시오며 나라가 임하시오며 뜻이 하늘에서 이루어진 것같이 땅에서도 이루어지이다 오늘 우리에게 일용할 양식을 주시옵고 우리가 우리에게 죄지은 자를 사하여 준 것같이 우리 죄를 사하여 주시옵고 우리를 시험에 들게 하지 마시옵고 다만 악에서 구하시옵소서 (나라와 권세와 영광이 아버지께 영원히 있사옵나이다 아멘)."

이 기도의 첫 시작이 무엇입니까? '하늘에 계신 우리 아버지여' 입니다. 여기에서 우리가 주목해야 할 세 가지 주제가 있습니다. '하늘에 계신', '우리', '아버지'입니다.

먼저 '아버지'라는 말을 살펴봅시다. 우리 기도를 들으시는 하나님이 바로 우리 아버지라는 것입니다. 아무리 악한 사람이라도 자식들에게는 좋은 것을 주고 싶어 하는 것이 아버지의 마음입니다. 하물며 가장 좋으신 아버지, 우리를 자녀 삼기 위해 자신의 아들을 희생시키기까지 하신 하나님 아버지가 얼마나 사랑 가득한 마음으로 우리 기도를 들으실지 생각해 보십시오.

사실 아버지께 이야기하는 것처럼 기도한다면 못 할 이야기가 없을 것입니다. 성경에 보면 여러 사람의 기도가 나오는데, 하나님께 감사하고 찬송하는 기도가 있는가 하면, 억울하다면서 하나님께 따지듯이 하는 기도도 있습니다. 어떤 기도는 자기를 괴롭히는 누군가를 하나님께 일러바치면서 그 사람 좀 혼내 달라고 한 경우도 있습니다. 다시 말하면, 아버지이기에 못 할 말이 없다는 것입니다. 힘들면 힘들다고, 감사하면 감사하다고, 이해가 안되면 안 된다고 이야기하는 것입니다. 하나님은 그런 모든 이야기를 들을 준비가 되어 있는 우리 아버지이십니다.

특별히 하나님을 '하늘에 계신' 아버지라고 하는 이유가 무엇일까요? 이 말은, 땅에 사는 우리와는 비교할 수 없는 능력과 힘을 가지신 하나님이라는 의미입니다. 모든 것을 아시고, 모든 것을 하실 수 있는 하나님이라는 말입니다. 만일 하나님께서 우리 기도를 잘 듣고 우리를 토닥여 주기는 하시는데 우리를 도울 수 있는 힘이 없으시다면 우리 기도가 무슨 의미가 있겠습니까? 하나님은 홍해를 갈라 바다 한가운데 길을 내기도 하셨고, 마른 땅에서 샘물이 솟게도 하셨습니다. 한순간도 졸거나 주무시지 않으면서 우리를 지키고 붙드는 분이십니다. 그 하나님이 바로 하늘에 계신 우리 아버지이십니다.

마지막으로 생각해 볼 단어는 '우리'입니다. 하나님을 나의 아버지라고 하지 않고 우리 아버지라고 한다는 것은 어떤 의미를 가지고 있을까요? 하나님을 아버지라고 부르는 많은 사람이 있다는 것입니다. 굳이 족보를 따지자면 그들은 우리의 형제자매가 될 것입니다. 그래서 예수님께서 가르쳐 주신 기도는 나 한 사람의 이야기만 하는 기도가 아니라 우리 형제자매들과 함께하는 기도이기에 그들을 위해서도 기도해야 한다는 의미를 담고 있습니다.

오늘날 많은 사람이 기도 시간에 자기의 문제, 자기 가족의 문제만을 가지고 기도하는 경우가 많습니다. 그런 사람은 하나님을 '나의 하나님'이라고는 하는데 '우리 아버지'라고는 하지 않는 것입니다. 우리 주위에 있는 믿음의 형제자매들, 가난한 이웃, 외국인 노동자를 위해서 기도해야 합니다. 때로는 멀리 떨어져 있는 다른 나라의 전쟁과 기근, 산불과 지진 소식을 들을 때 그들을 위해서 기도해야 합니다. 그렇게 기도의 깊이를 더할 뿐만 아니라 기도의 폭을 더 넓혀야 합니다.

아버지의 이름이
거룩히 여김을 받으시오며

하나님 아버지를 부른 다음 제일 먼저는 하나님의 이름이 거룩히 여김을 받으시도록 기도해야 합니다. 이름이 거룩히 여김을 받는다는 것이 무슨 말일까요? 우리가 누군가의 이름을 들으면 그 사람의 이름을 기록한 글자가 떠오르는 것이 아니라 바로 그 사람이 떠오를 것입니다. 그러니까 하나님의 이름이 거룩히 여김을 받는다는 말은 하나님이 거룩히 여김을 받으신다는 것입니다.

하나님은 원래 거룩하신 분입니다. 당연히 우리가 기도해서 거룩하게 되시는 것이 아닙니다. 거룩히 여김을 받도록 기도한다는 것은 원래 거룩하신 하나님을 찬양하고 드러내겠다는 말입니다.

이사야 6장에 보면 이사야가 성전에 들어갔다가 거룩하신 하나님의 임재를 경험했습니다. 천사들이 "거룩하다 거룩하다 거룩하다 만군의 여호와여 그의 영광이 온 땅에 충만하도다"(사 6:3)

라고 하나님을 찬양했습니다. 그 거룩하신 하나님 앞에 섰을 때 이사야는 자기가 너무나 더러운 입술로 말하고 다녔다는 것을 깨닫게 되었습니다. 그래서 그는 "화로다 나여 망하게 되었도다 나는 입술이 부정한 사람이요 나는 입술이 부정한 백성 중에 거주하면서 만군의 여호와이신 왕을 뵈었음이로다"(사 6:5)라고 말했습니다.

그는 하나님의 임재 앞에서 두 가지를 깨달았습니다. 하나는 하나님의 거룩하심이고, 또 다른 하나는 자기가 너무나 더러운 죄인이라는 사실입니다. 기도의 첫 출발이 이것입니다. 거룩하신 하나님, 사랑이 많으신 하나님, 온 세상을 통치하시는 하나님, 은혜가 풍성하신 하나님을 만나는 것입니다. 그렇게 입술로만 고백하는 것이 아니라 그 하나님 앞에 서는 것입니다. 그때 우리의 입에서는 하나님을 찬송하고 그분께 감사하는 고백이 나오게 되어 있습니다. '거룩하신 하나님! 하나님의 이름에 영광을 올려 드립니다.' 이렇게 고백하게 되는 것입니다. 동시에 거룩하신 하나님 앞에 너무나 초라한 죄인의 모습으로 서 있는 우리를 아들이고 딸이라고 인정해 주시는 하나님의 은혜에 감격하면서 감사를 드리게 되는 것입니다. 그래서 기도의 첫 시작은 하나님께 영광을 올려 드리고 감사의 고백을 드리는 것이 되어야 하는 것입니다.

그런데 하나님의 이름이 거룩히 여김을 받도록 기도하는 사람은 자신의 말과 삶을 통해서 하나님의 거룩하심을 드러내겠다고 결단하며 하나님의 도우심을 구하기도 해야 합니다. 그래서 이 세상을 살아가는 동안 사람들이 "너를 보니 네 아버지가 어떤 분인지 알겠어"라고 말할 수 있어야 합니다.

그러므로 기도와 삶은 같이 가야 합니다. 만일 당신의 말이나 삶에서 거룩하신 하나님이 드러나지 않는다면, 당신은 입술로만 신앙생활하는 것입니다. 만일 기도할 때 그런 생각이 든다면 자신의 부족함을 하나님께 회개하면서 나아가야 합니다. 그래서 우리는 하나님의 이름이 거룩히 여김을 받는다는 기도를 할 때 한편으로는 거룩하고 사랑이 많고 은혜가 풍성하신 하나님께 감사를 올려 드려야 하고, 다른 한편으로는 하나님의 거룩하심을 드러내지 못한 채 멋대로 산 우리의 죄와 허물에 대해서 하나님께 회개하면서 나아가야 합니다.

아버지의 나라와
아버지의 뜻이 이루어지길

　두 번째 기도는 하나님 나라가 임하게 해 달라는 기도입니다. 보통 '하나님 나라', 혹은 천국이라고 하면 우리가 죽으면 가는 나라라는 생각이 먼저 떠오릅니다. 그런데 주님께서 가르쳐 주신 기도에 보면 '나라가 임하시오며'라고 기도하라고 하십니다. 하나님 나라가 우리의 삶 가운데로 들어오게 해 달라고 기도하라는 것입니다.

　이 말이 무슨 뜻일까요? 하나님 나라가 어디에 있는지를 질문하는 사람들이 있습니다. 하지만 하나님 나라는 어떤 공간에 제한되지 않습니다. 거기가 어디든, 어떤 곳이든 하나님의 통치를 받으면 그곳이 바로 하나님 나라가 되는 것입니다. 자신이 왕의 자리에 앉아서 마음대로 하던 사람이 회개하고 그 자리를 하나님께 내어 드릴 때, 그의 삶에 하나님 나라가 임하는 것입니다.

　만일 당신의 가정에서 모든 가족이 하나님의 통치를 받는다면 당신의 가정이 하나님 나라, 작은 천국이 되는 것입니다. 하나님께서 말씀하신 대로 아내는 남편에게 복종하고, 남편은 아내를 자기 생명을 다해 사랑하고, 부모는 자녀를 주님의 말씀으로 훈육하고, 자녀들은 주님 안에서 부모에게 순종할 때 그 가정에 작은 천국이 임하는 것입니다. 아무리 힘들고 어려운 상황 속에 산다 해도 하나님의 통치를 받으면 마음 깊숙한 곳에서 우러나는 신앙의 고백으로 찬송을 부를 수 있는 것입니다. "높은 산이 거친 들이 초막이나 궁궐이나 내 주 예수 모신 곳이 그 어디나 하늘나라"(새찬송가 438장, 〈내 영혼이 은총 입어〉).

하나님 나라가 임하기를 원하는 사람은 아직까지 하나님의 왕 되심, 하나님의 다스리심을 인정하지 않는 주위 사람들에게 눈을 돌리게 되어 있습니다. 하나님의 통치를 전혀 받지 않던 사람들이 우리를 통해서 하나님을 만나고 그분의 통치 안으로 들어올 때 하나님 나라가 확장되는 것입니다.

세 번째 기도는 하나님의 뜻이 하늘에서 이루어진 것같이 땅에서도 이루어지게 해 달라는 기도입니다. 하나님의 뜻이 무엇일까요? 요한복음 6장 40절에서 예수님은 이렇게 말씀하셨습니다.

"내 아버지의 뜻은 아들을 보고 믿는 자마다 영생을 얻는 이것이니 마지막 날에 내가 이를 다시 살리리라 하시니라."

하나님의 뜻은 아들을 보고 믿는 자마다 영생을 얻게 하는 것입니다. 하나님의 뜻은 사람들이 예수를 믿고 영생을 얻는 것입니다. 이를 위해 하늘에서 아버지와 아들이 이미 일을 시작하셨고, 그 뜻을 이루어 가는 중이십니다.

또 데살로니가전서 5장 16-18절에 보면 이런 말씀이 나옵니다.

"항상 기뻐하라 쉬지 말고 기도하라 범사에 감사하라 이것이 그리스도 예수 안에서 너희를 향하신 하나님의 뜻이니라."

하나님은 우리가 예수님을 믿어 구원을 얻을 뿐만 아니라 늘 기뻐하고, 기도하고, 감사하며 살기를 원하십니다. 참 놀라운 것은, 하나님은 자신의 뜻을 이루어 가는 과정에서 우리의 기도를 통해 이루어 가기를 원하신다는 것입니다. 전능하신 하나님의 원대한 뜻이 우리의 기도와 함께 이루어진다는 것을 기억하십시오. 이 얼마나 놀라운 기도입니까? 이런 기도를 드리는 사람은 자신의 삶 전체에 하나님의 뜻이 나타나기를 간절히 사모하게 될 것입니다.

예수님께서 제자들과 함께 사마리아에 있는 수가 성에 들어가셨을 때 제자들이 먹을 것을 구하러 시내에 나갔다 왔습니다. 그리고 "랍비여 잡수소서"(요 4:31)라고 하자 예수님께서 "내게는 너희가 알지 못하는 먹을 양식이 있느니라"(요 4:32)라고 하셨습니다. 제자들이 '누가 주님께 잡수실 것을 드린 것인가?'라는 생각을 할 때 예수님께서 말씀하셨습니다.

"나의 양식은 나를 보내신 이의 뜻을 행하며 그의 일을 온전히 이루는 이것이니라"(요 4:34).

그러니까 예수님은 어쩌다 한 번 하나님의 뜻을 행하신 것이 아니라, 하나님의 뜻을 이루는 것이 마치 식사하는 것처럼 예수님의 삶의 한 부분임을 말씀하신 것입니다. 특별히 예수님은 십자가를 지시기 전 겟세마네 동산에서 '할 수만 있으면 십자가라는 엄청난 고통을 피할 수 있게 해 달라고' 하나님께 기도하셨습니다. 하지만 '내 뜻대로 마시고 아버지의 뜻대로 해 달라고' 하셨습니다. 마지막까지 하나님의 뜻을 구하셨던 것입니다.

어떤 사람은 기도에 대해 '하나님은 전혀 도울 생각이 없으신데 계속해서 떼를 써서 하나님의 마음을 돌이키는 것'이라고 생각합니다. 그래서 죽기 살기로 기도하다가 그래도 응답되지 않으면 하나님께 실망하고 기도를 포기하기도 합니다. 그러나 바른 기도는 자신의 뜻을 하나님께 아뢰되 그래도 내 뜻이 아니라 하나님의 뜻이 이루어지도록 기도하는 것입니다.

어쩌면 이 말에 억울한 생각이 드는 사람도 있을 것입니다. '내 인생은 나의 것인데 왜 내 뜻이 아니라 주님의 뜻이 이루어지기를 기도해야 하나?' 그러나 기억하십시오. 만일 원하는 대로 모든 것이 되었다면 정말 큰일 날 뻔한 사람도 많을 것입니다. 알고

보면 주님의 뜻이 주님의 때에 이루어지는 것이 주님께는 물론이
고 내게도 가장 좋은 것임을 기억하면 좋겠습니다.

일용할 양식을
주시옵고

주기도문의 전반부가 하나님과 관련된 기도였다면, 후반부는 우리 자신을 위한 기도입니다. 우리 자신을 위한 기도 중에서 첫 번째로 구하는 것은 일용할 양식을 달라는 것입니다. 일용할 양식을 구하는 것은 단지 먹을 수 있는 쌀을 달라는 기도가 아닙니다. 우리가 삶을 영위하는 데 필요한 모든 것을 구하는 것입니다. 먹고사는 문제는 물론이고 우리의 건강, 안전, 자녀를 위한 기도 등이 다 포함되는 것입니다. 그런데 엄청나게 많은 것을 달라는 것이 아니라 일용할 양식을 달라고 기도합니다. 꼭 필요한 만큼만을 달라고 하는 것입니다.

이 말씀을 잘 이해하기 위해 구약 시대에 모세와 이스라엘 백성이 광야를 통과할 때를 생각해 보면 좋을 것 같습니다. 그들이 광야를 통과할 때 그곳에는 먹을 수 있는 음식이 전혀 없었습니다. 그때 하나님께서 그들에게 만나를 주셨습니다. 아침에 일어나 보면 밖에 만나가 내려 있는 것입니다. 그런데 그 만나는 딱 하루치만 거둘 수 있었습니다. 너무 많이 거두면 벌레가 생겨서 먹을 수 없었습니다. 만일 하나님께서 하루라도 만나를 내려 주시지 않으면 그들은 광야에서 굶주릴 수밖에 없었습니다.

그동안 그들이 살았던 이집트에서는 사람들이 농사를 지은 후 양식을 창고에 쌓아 두고 먹었습니다. 이집트 사람들은 가득 찬 창고를 보면서 올해는 끄떡없겠구나 생각했을 것입니다. 그런데 그들의 창고가 가득 차게 하기 위해서 이스라엘 백성은 말할 수 없는 고생을 하면서 노예 생활을 하지 않았습니까? 만일 이스라엘 백성이 그 상태로 가나안 땅에 들어가면 그들이 본 그대로 누군가를 수탈해서 자기들의 창고를 가득 채우려고 할 것입니다. 하나님은 그런 그들을 철저히 훈련시켜 가나안 땅에 들어가게 하셨습니다. 이스라엘 백성은 매일 아침 하나님께서 예비하신 만나를 먹으면서 40년간 훈련받았습니다. '우리는 누군가를 수탈해서 사는 것이 아니라, 매일 하나님의 은혜를 구하면서 살아야 한다. 우리를 먹이는 분은 오직 하나님이시다'라는 고백을 하면서 살도록 훈련시키신 것입니다.

예수님의 비유에 나오는 부자 이야기를 기억할 것입니다. 그 이야기에는 소출이 너무 많아 곡식을 쌓아 둘 곳간을 새로 지으면서 평안히 먹고살 날을 꿈꾸던 부자가 나옵니다. 그런데 하나님께서 그에게 이렇게 말씀하십니다.

"어리석은 자여 오늘 밤에 네 영혼을 도로 찾으리니 그러면 네 준비한 것이 누구의 것이 되겠느냐"(눅 12:20).

하나님 없이 사는 사람이 창고에 무엇인가를 가득 쌓아 두는 것이 무슨 의미가 있겠느냐고 질문하시는 것입니다.

만나의 원리를 아는 사람은 내 창고에 쌓아 두고 그것 때문에 만족하는 사람이 아니라, 하나님의 창고에 쌓아 두고 하나님께 말씀드려 얻는 사람입니다. 물론 이 말은 저축도 하지 말고 하루 하루를 살라는 의미가 아닙니다. 내가 가지고 있는 어떤 것을 의지하지 말고 하나님 한 분만을 의지하라는 것입니다.

하나님만 의지하는 사람은 하나님께서 생명을 책임져 주신다는 것을 알기에 자기에게 남는 것이 있으면 나누어 줄 마음을 갖습니다. 필요하면 하나님이 또 채워 주실 것을 알기에 그렇습니다. 그러나 이집트의 삶에 찌들어 있는 사람은 아무리 창고에 뭐가 많이 쌓여도 불안합니다. 그래서 더 많이, 더 많이 쌓아 두려고 합니다. 그 안에서 썩는 것들을 내다 버리면서도 나누어 줄 생각을 하지 못합니다. 심지어 그렇게 쌓기 위해서는 누군가가 더 굶주려야 하고, 누군가가 가질 수 있는 기회가 박탈된다는 생각을 아예 하지 않습니다. 이런 사람들은 창고에 엄청난 양이 쌓여 가는데도 전혀 만족하지 못합니다. 오히려 더 불안해집니다.

일용할 양식을 구한다는 것은 딱 하루치만 구한다는 의미라기보다, '저는 하나님만 바라보면서 가겠습니다. 제 모든 재물은 하나님 나라와 그 뜻을 이루는 데 쓰겠습니다'라는 뜻입니다.

우리 죄를 용서해 주시고
악에서 구해 주소서

우리를 위한 기도 두 번째는 우리의 죄를 용서해 달라는 것입니다. 대부분의 사람들은 죄를 짓고 있기에 하나님께 사죄의 기도를 드려야 한다는 것을 인정할 것입니다. 그런데 마태복음 6장 12절에 보면 "우리가 우리에게 죄지은 자를 사하여 준 것같이 우리 죄를 사하여 주시옵고"라는 기도가 나옵니다. 우리가 우리에게 죄지은 자를 사하여 주는 것과 하나님께서 우리의 죄를 사하여 주시는 것이 연결되어 있습니다. 얼른 읽으면 마치 우리가 다른 사람의 죄를 용서하지 않으면 우리의 죄도 용서받을 수 없을 것 같아 보입니다. 이 말씀을 어떻게 해석해야 할까요? 우선 두 가지 용서가 밀접하게 연결되어 있다는 것은 확실합니다. 예수님의 제자 베드로가 "주님, 사람들이 제게 잘못했을 때 몇 번까지 용서해 줄까요? 일곱 번까지 할까요?"라고 질문을 던졌을 때 주님께서 뭐라고 하셨습니까? "일곱 번뿐 아니라 일곱 번을 일흔 번까지라도 할지니라"(마 18:22)라고 하셨습니다.

물론 490번 용서하라는 말씀이라기보다 한없이 용서하라는 말씀일 것입니다. 주님께서는 이렇게 해야 하는 이유를 설명하기 위해서 비유를 드셨습니다. 1만 달란트 빚진 종이 그 빚을 갚을 길이 없는데 주인이 긍휼히 여겨 그 빚을 탕감해 주었습니다. 여기서 한 달란트는 노동자 한 사람이 6천 일 동안 일해서 받는 돈입니다. 일당을 10만 원으로만 쳐도 한 달란트는 6억 원입니다. 그러니 1만 달란트면 6조 원 정도 되는 돈입니다. 그런데 이 엄청난 빚을 탕감 받은 종이 길 가다가 자기에게 100데나리온 빚진 자를 만났습니다. 한 1천만 원 정도 빚진 사람입니다. 그때 그가 빚쟁이의 목을 잡고 끌고 가서 옥에 가두었습니다. 이 이야기를 들은 주인이 그 종을 불러서 다시 감옥에 가두면서 그 빚을 다 갚기 전에는 나올 수 없다고 했습니다.

이 말씀은 결국 이런 뜻이 아닙니까? 하나님으로부터 절대 용서받을 수 없을 만큼 큰 죄를 지은 우리가 용서를 받았습니다. 하나님은 우리를 용서하기 위해서 자신의 아들을 십자가에 내어 주셨습니다. 그리고 이 엄청난 용서를 받은 우리가 하나님의 사랑을 안다면 다른 사람을 용서하는 것은 너무 당연하다는 것입니다. 다시 말하면, 우리가 누군가를 용서하는 것은 하나님께 용서받기 위한 조건이 아니라, 우리가 용서받은 사람임을 증명하는 것이라는 말입니다.

만일 우리가 하나님으로부터 말할 수 없는 용서를 받은 것을 알고 믿는다면 그리고 그 은혜에 감격한다면, 우리에게 잘못을 저지른 사람을 용서하는 것은 너무 당연한 일입니다. 만일 우리가 '내게 죄지은 사람을 도저히 용서 못 하겠다'고 말한다면 우리는 아주 심각한 질문을 던져 보아야 합니다. '나는 진짜 하나님께 용서받은 사람이 맞는가?'

하나님의 용서를 경험한 사람은 이웃의 잘못을 용서해 줄 것이고, 그렇게 용서해 준 사람은 다시 하나님께 나아가 자신이 살면서 저지른 죄를 용서해 달라고 기도할 수 있습니다. 이런 기도를 하는 사람은 자기의 죄 문제를 가지고 고민하는 사람입니다. 이런 기도를 하는 사람은 뻔뻔하게 죄를 짓는 사람이 아니라, 하나님 앞에서 죄가 얼마나 치명적인가를 알고 하나님의 아들딸로 살기 위해 고민하면서 하나님 앞으로 나아가는 사람입니다.

그런데 안타깝게도 우리가 용서하지 못하는 사람은 대부분 우리 주위에 있는 사람입니다. 가까운 가족이나 이웃일 때가 많습니다. 도저히 용서가 안 될 때는 '하나님! 도저히 용서가 안 됩니다. 하나님께서 제 마음을 좀 만져 주세요'라고 기도하십시오. 그렇게 하나님 앞에서 몸부림치면서 결국 십자가 앞으로 나아가야 합니다. 그럴 때 생각했던 것보다 훨씬 더 큰 죄인인 우리를 위해 당신의 생명을 내어 주신 예수님을 만나게 될 것입니다. 그리고 아무 조건 없이 용서해 주신 그 주님을 제대로 만날 때 우리에게 해를 끼친 사람을 용서할 수 있게 될 것입니다.

나중에 보면 용서받지 못한 사람은 자기가 잘못했다는 것도 잊어버린 채 두 발 뻗고 잘 잡니다. 하지만 용서하지 못한 사람은 오히려 고통을 당하게 됩니다. 화병과 같은 신체적 증상이 생기기도 하고, 다른 사람까지 믿지 못하고 사람을 피하게 되기도 합니다. 결국 용서는 바로 자기를 위해서 하는 것이기도 합니다.

우리를 위한 세 번째 기도는 시험에 들지 않게 해 주시고 악에서 구해 달라는 것입니다. 예수님은 우리가 사는 이 땅에 악이 가득하다는 것을 알고 계셨습니다. 그런 세상에서 우리가 자신의 양심과 의지를 믿고 이 악을 헤쳐 나가는 것 또한 너무나 힘들다는 것을 알고 계십니다. 그래서 주님은 시험에 들지 않고 악에게 승리할 수 있도록 기도해야 한다는 것을 가르쳐 주신 것입니다.

특별히 성경을 보면 모든 악의 배후에는 악한 사탄이 있다는 것을 알 수 있습니다. 에덴동산에서 아담과 하와를 넘어지게 했고, 심지어 예수님에게까지 찾아가 시험했던 마귀가 우리를 넘어뜨리기 위해 수시로 우리를 시험하고 있다는 사실을 꼭 기억해야 합니다. 사탄은 때로 우는 사자처럼 두려움을 주어서 우리를 넘어뜨리려고 합니다. 하지만 어떨 때는 광명의 천사처럼 너무나도 아름답고 친절한 모습으로 다가오기도 합니다.

이때 우리에게 필요한 것이 성령의 전신 갑주를 입는 것입니다. 아무런 무장도 하지 않고 전쟁터에 나가면 작은 공격에도 쓰러질 수밖에 없습니다. 하지만 진리의 허리띠를 띠고, 구원의 투구를 쓰고, 의의 호심경을 붙이고, 평안의 복음의 신발을 신고, 한 손에는 믿음의 방패를, 다른 손에는 성령의 검, 곧 하나님의 말씀을 들고 갈 때 사탄은 절대 우리를 쉽게 넘어뜨릴 수 없을 것입니다. 특별히 성령의 검인 하나님의 말씀은 예수님께서 사탄의 시험을 이길 때 사용하신 너무나도 소중한 공격용 무기입니다. 이런 무기를 들고 사탄과 싸워 승리해야 합니다.

승리와 패배는 일종의 습관입니다. 쉽게 지는 사람은 계속 집니다. 그러나 작은 승리를 얻은 사람은 큰 승리도 얻어 냅니다. 어린 다윗은 골리앗에게 이기기 전에 자기 양 떼를 공격하던 수많은 짐승과 싸워 이긴 작은 승리를 수없이 경험했습니다. 그는 여러 번의 작은 승리를 거두면서 승리의 법칙을 알았던 것입니다. 그 법칙은 간단합니다. 하나님께서 함께하시면 승리할 수 있다는 것입니다. 그렇기 때문에 우리는 승리를 위해 하나님께 기도하면서 도우심을 구해야 하는 것입니다.

하나님께 기도할 때는 예수님께서 가르쳐 주신 기도를 응용하면 됩니다. 이 모든 기도를 다 드린 이후에 맨 마지막으로 '예수님의 이름으로 기도합니다. 아멘'이라고 기도를 마무리하면 됩니다. '아멘'이라는 말은 그대로 되기를 원한다는 뜻입니다.

이제 다음 장에 당신의 기도문을 적어 보십시오. 처음에 기도가 어색할 때는 당신이 적은 기도문을 읽으면서 기도하고, 그러다가 익숙해지면 보지 않고 기도할 수 있게 될 것입니다.

기도문 예시

사랑이 많으신 하나님 아버지, 하나님께서 베풀어 주신 사랑에 감사를 드립니다. 저의 가정과 직장에서 제가 하나님의 말씀에 순종함으로써 천국을 경험하게 해 주십시오. 또 제가 사는 이 땅에 정의와 평화가 넘치게 해 주십시오. 요즘 저의 모친이 매우 편찮으십니다. 속히 건강을 되찾게 해 주십시오. 또 우리 아들이 사춘기인데 하나님의 말씀을 떠나지 않고 믿음 안에서 잘 자라게 해 주십시오. 특별히 모친과 아들의 삶 가운데 하나님의 뜻이 이루어지게 해 주십시오. 하나님, 저에게 심한 말을 한 과장님을 진심으로 용서합니다. 제가 그런 일로 분노하고 절망했던 것을 용서해 주십시오. 회사에서 회식 자리에 갈 때 엉뚱한 유혹에 빠지지 않도록 저를 지켜 주십시오. 예수님의 이름으로 기도합니다. 아멘.

1. 성경을 읽다가 당신의 마음에 와 닿았던 하나님의 말씀이 있다면 이야기해 봅시다.

2. 이사야 선지자가 하나님의 임재 앞에서 깨달은 두 가지는 무엇입니까?

3. 하나님 나라는 특정한 장소가 아닙니다. 우리가 어떤 행동을 할 때 우리가 머무는 자리가 하나님 나라(천국)가 됩니까?

4. 하나님이 광야에서 매일 만나를 내려 주면서 이스라엘 백성을 훈련시키려 하셨던 것은 무엇입니까?

5. 주기도문을 참고해서 당신의 기도문을 만들어 보십시오.

8

우리는 지금 삶의 현장에서
하나님의 통치를 받음으로써
천국을 경험하고 누려야 합니다.
이것이 하나님 나라 백성의 삶의 모습입니다.

하나님 나라
백성의 삶은
어떠해야 하는가

〉

사람의 나라 vs. 하나님 나라

창세기 11장에 보면 바벨탑 이야기가 나옵니다. 그리고 12장에 보면 아브라함의 이야기가 나옵니다. 이 두 이야기는 너무나 대조적입니다. 바벨탑 이야기를 읽어 보면, 하나님 없이 인간이 주인 되어 인간의 문명으로 성을 쌓고 인간의 이름을 내자는 이야기가 계속됩니다. 그들은 돌 대신 벽돌을 구워서 건축에 이용했습니다. 돌로 된 건축 재료는 구하기가 어렵지만, 벽돌은 흙만 있으면 계속 구워 낼 수 있었습니다. 게다가 그들은 역청을 건축 재료로 활용했습니다. 그래서 바벨탑 같은 높은 건물을 세울 기술을 갖게 되었습니다. 그들은 탑 꼭대기를 하늘에 닿게 하자고 말합니다. 다시 말하면, 자기들의 힘으로 하나님과 같은 자리에 갈 수 있다고 생각한 것입니다. 마치 아담과 하와가 선악과를 먹고 하나님과 같이 되려고 했던 것과 비슷한 생각을 한 것입니다. 그렇게 바벨탑을 쌓아서 자기들의 이름을 온 세상에 내려고 한 것입니다. 한마디로 말해서, 그들이 꿈꾸는 나라는 하나님 없이 자기들이 왕이 되어서 자기들이 통치하는 세상이었습니다. 그들의 이런 시도는 하나님이 그들의 언어를 혼잡하게 하시면서 완전한 실패로 끝났습니다.

반면에 아브라함의 이야기는 하나님이 다스리시는 나라에 초청받은 그가 겸손히 순종하면서 하나님의 통치를 받는 내용입니다. 아브라함은 하나님의 부르심을 받고 순종해서 자기의 고향과 친척들을 떠나 한 번도 가 보지 않은 낯선 곳으로 향했습니다. 이는 아브라함이라는 한 개인의 이야기가 아니라, 하나님께서 세우시려는 한 나라의 이야기입니다.

한 나라가 세워지려면 무엇이 필요합니까? 국민, 영토, 주권이 필요합니다. 아브라함의 이야기를 잘 보십시오. 하나님께서는 새로운 국민을 만들 계획을 갖고 계십니다. 그것은 바로 아브라함의 후손들입니다. 그렇다면 하나님께서 준비하신 영토는 어디일까요? 그렇습니다. 바로 가나안 땅입니다. 그럼 가장 중요한 주권은 누구에게 있을까요? 맞습니다. 바로 하나님께 있습니다.

이 두 이야기를 통해서 하나님은 우리에게 말을 걸어 오십니다. 우리가 주인 되어 내 힘으로 무엇인가를 이루고 내 이름을 내는 나라를 세울 것인지, 아니면 하나님께서 다스리시는 나라의 백성이 될 것인지를 묻고 계십니다.

예수님께서 마지막으로 주신 명령이 무엇입니까? 우리가 흔히 지상 명령(至上命令)이라고 부르는 마태복음 28장 19절에 보면 '모든 민족을 제자로 삼으라'고 하셨습니다. 그리고 사도행전 1장 8절에 보면 '땅끝까지 이르러 내 증인이 되리라'고 하셨습니다. 아브라함의 후손이 가나안 땅에 정착해서 생긴 나라가 이스라엘입니다. 그러니까 이스라엘은 하나님 나라의 모델 하우스 역할을 했습니다. 그런데 이스라엘 백성은 그것을 잘못 이해하고 자기들만 선택받은 백성인 줄 알았습니다. 자기들만 하나님 나라의 백성이라고 생각했습니다. 그런데 예수님께서 오신 이후 그 경계가 무너졌습니다. 모든 민족, 땅끝이라는 말속에 담겨 있는 예수님의 뜻이 무엇입니까? 가나안 땅뿐만 아니라 땅끝 어디라도 하나님 나라가 될 수 있다는 것입니다. 그리고 아브라함의 후손뿐만 아니라 모든 민족이 하나님 나라의 백성이 될 수 있다는 것입니다. 그렇다면 하나님 나라의 가장 중요한 조건이 무엇일까요? 주권입니다. 하나님의 주권을 인정하는 사람이라면 어디에 살건, 어떤 민족이건 상관없이 모두 하나님 나라의 백성이 될 수 있다는 것입니다.

창세기 이야기는 엄청난 문명을 자랑하면서 자기들의 나라를 세우려던 바벨탑 사람들의 삶이 철저한 실패였다면, 아무것도 없이 오직 하나님 한 분의 통치 안으로 들어갔던 아브라함이 가장 복된 인생이었음을 알려 줍니다.

이집트에서
가나안으로

출애굽기에 보면 이스라엘 백성이 약 400년 동안 이집트에서 종으로 산 이야기가 나옵니다. 아침부터 저녁까지 수많은 노동에 동원되어 죽도록 일하면서 살았습니다. 대신에 그들은 이집트 사람들이 제공하는 음식을 먹으면서 그들에게 길들여져 살았습니다.

모세라는 지도자가 나타나서 그들을 데리고 이집트를 떠나면서 그들은 이집트 사람들의 억압에서 벗어날 수 있었습니다. 그들은 이집트의 억압 대신 하나님의 통치를 받으면서 살게 되었습니다. 하나님은 그들을 젖과 꿀이 흐르는 가나안 땅으로 인도하셨습니다.

출애굽기의 이 이야기는 오늘날 우리가 하나님 나라의 백성이 되는 과정을 보여 주는 하나의 모형입니다. 이스라엘 백성이 이집트에서 종살이하던 모습은 예수님을 믿기 전 우리가 마귀의 통치 아래에서 신음하며 살던 모습을 상징적으로 보여 줍니다. 우리가 하나님의 통치를 받기 전에는 사실 너무나 비참한 삶이었습니다. 마치 물을 떠난 고기처럼, 철길을 벗어난 기차처럼 마음껏 자유를 누리면서 하고 싶은 대로 다 하고 사는 것처럼 보이지만 사실은 너무나 힘들고 비참한 삶이었고, 그런 삶의 종착역은 바로 지옥이었습니다. 그런데 그런 우리를 하나님께서 건져 내셨습니다.

이스라엘 백성이 이집트를 탈출하기 전 하나님께서 열 가지 재앙을 내리셨는데, 마지막 재앙이 장자의 죽음이었습니다. 하나님의 천사가 각 가정에 들어가서 그 가정의 장자를 죽였습니다. 그때 어린양을 잡아서 그 피를 문지방과 문설주에 바른 이스라엘 백성의 집은 천사들이 뛰어넘어갔습니다. 그러나 어린양의 피를 바르지 않은 집은 이집트의 왕이었던 '바로'의 집이건 이름 없는 평민의 집이건 간에 마지막 재앙을 피할 수 없었습니다.

우리가 마귀의 나라에서 벗어나 하나님 나라에 들어오기 위해서도 어린양의 피가 필요했습니다. 그 역할을 하신 분이 바로 예수님입니다. 예수님께서 십자가에서 흘리신 피가 우리에게 임할 심판을 피하게 해 주었습니다. 예수님을 의지할 때 우리는 마귀의 나라에서 벗어나 하나님 나라로 들어갈 수 있게 된 것입니다.

하나님께서는 이스라엘 백성을 가나안 땅으로 이끄셨습니다. 그 과정에 40년간 광야를 통과했습니다. 광야에서의 경험은 한 가지를 계속해서 훈련하는 것이었습니다. 왕이신 하나님을 의지

하면 우리의 모든 삶을 하나님이 책임져 주신다는 것이었습니다. 후일 그들이 가나안 땅에 들어간 후에 그 땅 백성이 보여 준 우상 숭배에 빠지지 않고 오직 하나님 한 분만을 의지하고 사는 훈련을 해 주신 것입니다.

하나님은 광야를 통과하는 이스라엘 백성에게 만나를 내려 주셨고, 마실 물을 준비해 주셨습니다. 낮에는 구름 기둥으로, 밤에는 불기둥으로 그들의 더위와 추위를 막아 주셨습니다. 사람이 살 수 없는 광야 40년을 하나님 한 분만 의지하고 통과하게 하신 것입니다. 그리고 마침내 그들을 약속의 땅 가나안에 들어가게 하셨습니다. 가나안 땅은 하나님의 통치를 받으면서 사는 사람들이 누릴 하나님 나라의 모형입니다. 하나님을 왕으로 모시고 사는 사람을 하나님이 책임지신다는 것을 보여 주신 것입니다.

모델 하우스의
한계

그렇다면 가나안 땅에 들어가 하나님 나라 백성의 삶을 살기 시작한 이스라엘 백성의 삶은 어떠했을까요? 레위기라는 성경은 하나님 나라 백성의 삶이 어떠해야 하는지를 설명한 책입니다. 레위기의 내용을 요약하면, 하나님 나라의 백성은 왕이신 하나님의 거룩하심을 닮아 거룩한 삶을 살아야 한다는 것입니다. 그들의 삶은 가나안 백성의 죄악된 삶과 구별되어야 했습니다. 그것은 크게 두 가지 방향으로 나타나야 했는데, 첫째는, 하나님과의 바른 관계였습니다. 레위기는 하나님 나라 백성이 제사를 통해 하나님께 죄를 용서받는 것에 대해서 자세히 기록하고 있습니다. 동시에 하나님 나라 백성의 거룩한 삶은 사람들에게도 나타나야 했습니다. 그것은 가난하고 소외된 사람들을 돌아보고 사랑하는 것으로 표현되어야 했습니다.

신명기라는 성경도 가나안 땅에 들어간 이후 이스라엘 백성이 하나님 나라의 백성으로서 어떤 삶을 살아야 하는지를 가르쳐 준 내용을 담고 있습니다. 그들이 마땅히 살아야 할 삶을 가장 잘 요약한 것이 십계명입니다. 출애굽기가 광야에서 막 나온 이스라엘 백성에게 십계명을 준 이야기를 담고 있다면, 신명기는 광야를 통과하고 가나안 땅에 곧 들어갈 이스라엘 백성에게 하나님 나라 백성의 삶이 어떠해야 하는지를 알려 준 말씀인데, 그 핵심이 십계명입니다. 십계명의 내용도 요약하면 하나님 사랑, 이웃 사랑입니다.

그렇다면 이렇게 철저하게 교육받고 가나안 땅에 들어간 이스라엘 백성은 하나님 나라의 백성답게 살았을까요? 안타깝게도 그렇게 살지 못했습니다. 그 뒤에 나오는 사사기나 왕정 시대의 이야기를 보면 하나님의 통치를 받는 대신 자기들이 왕이 되어 마음대로 살았던 안타까운 이야기를 담고 있습니다. 그때마다 하나님은 선지자를 보내어 자신의 마음을 전하고 다시 하나님께로 돌아오라고 호소하셨습니다.

그러나 그들은 끝까지 하나님의 부르심을 거부하고 자기들이 왕이 되어 자기 멋대로 살려고 했습니다. 그들 스스로는 자기들이 왕이 되는 삶을 선택했지만, 알고 보면 그것은 마귀의 종이 되는 삶이었습니다. 마귀는 아담과 하와를 꼬드겼던 것처럼 계속 사람들을 꼬드겼습니다. "네 마음대로 해! 네가 하나님 자리에 앉아! 너의 자유를 잃어버리지 마!" 결국 자기들이 왕이 되어 자기들의 이름을 내고 하고 싶은 대로 하던 그들은 어떻게 되었을까요? 바벨론이라는 거대한 제국의 침략을 받아 완전히 망해 버렸습니다. 남의 나라에 포로로 잡혀가 고통 가운데 신음하면서 자신들의 잘못을 돌아보고, 다시 기회를 주신다면 이제는 절대로 잘못 살지 않고 똑바로 살겠다고 다짐하고 또 다짐했습니다.

그런 그들에게 하나님은 다시 한 번 기회를 주셨고, 그들은 포로에서 풀려나 고향으로 돌아올 수 있었습니다. 그러나 그들의 그런 결심은 오래가지 않았습니다. 결국 다시 안일의 늪에 빠지고 건성으로 하나님을 섬기면서 실제로는 자기들이 왕이 되는 삶, 알고 보면 마귀의 종으로 사는 삶을 살게 되었습니다. 그러면서 그들은 회복할 수 없는 깊은 함정에 빠져들었습니다. 하나님께서 더 이상 아무 말씀도 하지 않으시는 400년의 긴 세월을 보내게 되었습니다. 그 고통 속에서 그들은 메시아를 기다렸습니다. 하나님 없이 사는 지옥 같은 삶에서 자기들을 구해 줄 메시아, 그리스도를 기다리게 된 것입니다.

회개하라
천국이 가까웠다

오랜 세월 메시아를 기다리던 그들에게 하나님께서 자신의 아들을 보내 주셨습니다. 예수님은 시골 변방 갈릴리에서 어린 시절을 보낸 이후 30세쯤 되고부터 공식적으로 사역을 시작하셨습니다. 예수님께서 사람들에게 전하신 첫 번째 메시지가 무엇입니까? "회개하라 천국이 가까이 왔느니라"(마 4:17)입니다. '천국'은 하늘나라라는 말인데, 천국이나 하나님 나라는 같은 말이라고 보면 됩니다. 예수님은 하나님 나라가 우리 삶 한가운데로 찾아왔다고 말씀하셨습니다. 보통 천국이라고 하면 나중에 우리가 죽어서 갈 나라라고 생각합니다. 분명 천국은 미래에 경험하는 측면이 있습니다. 하지만 동시에 현재 경험해야 할 천국도 있습니다. 그 천국을 경험하기 위해 가장 먼저 필요한 것이 회개입니다.

회개는 무엇인가 잘못한 것의 반성을 의미하지 않습니다. 회개의 가장 중요한 의미는 자신이 왕이 되는 삶, 하나님의 통치를 거부하면서 살았던 삶에서 돌이켜 그분의 통치 안으로 들어가는 것입니다. 내가 왕좌에서 내려와 하나님을 내 삶의 왕좌로 모시는 것입니다. 그런 의미에서 회개는 혁명과도 같습니다. 잘못된 왕을 쫓아내고 그 자리에 하나님을 모시는 것입니다. 예수님은 그동안 마귀의 통치 아래에서 신음하며 살던 사람들을 구출해 내셨습니다. 오랜 시간 건강을 잃어버리고 소망 없이 살던 사람들에게 건강을 선물해 주셨습니다. 굶주려 있는 백성을 먹이셨습니다. 소외되고 가난한 삶을 살던 밑바닥 인생들의 친구가 되어 주셨습니다. 그러나 그게 전부가 아니었습니다. 예수님은 오랜 세월 그들을 억압하고 억눌렀던 문제의 근본 원인을 해결하셨습니다. 오랜 세월 마귀의 통치를 받으면서 그의 종이 되어 죄를 짓고 살던 사람들을 마귀의 마수에서 건져 내어 진정한 자유와 행복을 누리는 하나님 나라의 백성이 되게 해 주신 것입니다. 이를 위해 주님은 스스로 죽음 한복판으로 걸어 들어가 십자가를 지셨습니다. 그리고 죽음의 그림자 뒤편에 숨어서 음흉한 웃음을 짓고 있던 마귀의 머리를 밟아 버리셨습니다. 그리고 마침내 우리를 영원한 자유와 진정한 행복을 누릴 수 있는 하나님 나라의 백성이 되게 해 주셨습니다.

그렇다면 이런 질문이 생길 수 있습니다. '마귀의 머리를 밟고 우리에게 승리를 주셨다고 했는데, 왜 여전히 우리 삶에는 여러 가지 고통과 어려움이 계속되는가? 이게 무슨 하나님 나라요, 천

국의 삶인가?'

노르망디 상륙 작전에 대해서 들어 본 적이 있을 것입니다. 제 2차 세계대전 때 연합군이 노르망디 상륙 작전에 성공하면서 전쟁의 방향이 결정 났습니다. 상륙 작전의 성공으로 독일은 치명타를 입게 되었고, 사실상 전쟁은 끝나게 되었습니다. 하지만 전쟁의 완전한 종식을 위해서는 좀 더 시간이 필요했습니다. 독일이 항복 문서에 서명하고 완전히 물러가기 전까지 약간의 전투가 더 있었습니다. 독일의 패잔병들이 사람들을 괴롭히기도 했습니다.

지금 우리가 그런 상태입니다. 예수님이 부활하시면서 마귀는 치명타를 입었고, 이 전쟁은 사실상 끝난 것입니다. 하지만 마귀가 완전히 항복하고 영원한 심판을 받기까지 그는 마지막으로 발버둥을 치면서 하나님의 백성을 힘들게 하고 유혹할 수 있습니다.

예수님은 우리에게 다시 오겠다고 약속하셨습니다. 이것을 '재림'이라고 부릅니다. 주님께서 재림하시는 그날 마귀는 붙잡혀서 영원한 심판에 던져지게 될 것입니다. 그때 마귀는 더 이상 아무것도 할 수 없고, 우리에게는 완전한 하나님 나라, 즉 천국이 임하게 될 것입니다.

작은 천국
경험하기

지금 우리는 예수님을 믿음으로써 마귀의 통치에서 벗어나 하나님의 통치 안으로 들어왔습니다. 하지만 마귀는 계속해서 하나님의 통치를 받는 대신에 네가 왕이 되라고 유혹하고 있습니다. 내가 왕이 되려면 무엇이 필요할까요? 돈이 필요할 것입니다. 건강도 필요하고, 학벌도 필요하고, 멋진 외모도 필요할 것입니다. 이런 것들을 갖추어야 내가 빛나고 사람들의 박수를 받게 될 것입니다. 그래서 사람들은 이런 것들을 얻으려고 자기의 모든 힘을 쏟습니다. 물론 이 모든 것은 우리의 삶에 있어 필요한 도구입니다. 그런데 우리가 너무 여기에 집착하다 보면 이것이 우리가 필요로 하는 도구가 아니라 우리가 섬기는 우상의 자리에 올라가게 됩니다. 물론 우상을 섬기는 가장 밑바닥에는 내가 왕이 되려는 강한 생각이 자리 잡고 있습니다.

그런데 자기가 왕이 되기 위해서 하나님의 통치를 거부했던 사람들의 삶이 어떠했습니까? 아담과 하와는 에덴동산에서 쫓겨났습니다. 바벨탑은 결국 무너지고 말았습니다. 하나님의 통치를 거부하고 하나님을 떠난 삶에는 어떤 희망도 없고 결국에는 처절한 실패만 찾아오게 되어 있습니다. 반면에 아무것도 갖지 못해도 하나님의 통치를 받으면서 하나님의 뜻대로 사는 사람은 천국의 기쁨과 감격을 누리게 되어 있습니다.

예를 들어 봅시다. 에베소서 5장에 보면 부부가 어떻게 살아야 하는지가 소개되어 있습니다. 아내는 남편에게 복종하라고 말합니다. 남편은 아내를 위해서 자기 생명을 내어 줄 정도로 사랑하라고 말합니다. 많은 사람이 이런 말씀을 보면서 이렇게 생각합니다. '성경이 그렇게 말하기는 하지만 그렇게 사는 것이 어디 쉬운 일인가?' '좋은 말이기는 하지만 나는 저렇게 살 자신이 없어.' 그래서 그 말씀을 무시하고 자기가 왕이 되기 위해서 배우자에게 무엇인가를 강요합니다. '내 말이 맞아. 내 말을 들어. 나를 무시하지 마. 내가 원하는 대로 해.' 부부가 같이 이런 말을 하면 어떤 결과가 찾아옵니까? 당연히 서로 싸우고 미워하고, 그것 때문에 화가 나서 잠도 못 자고, 기분 나쁜 마음에 밥도 안 해서 결국에는 굶게 됩니다. 그런데 사람들은 계속해서 이렇게 말합니다. "하나님의 말씀대로 사는 것은 힘들어."

절대 속지 마십시오. 하나님의 말씀대로 사는 것이 가장 쉽습니다. 남편을 존경하고 아내를 생명 다해 사랑하면 그들은 남의 집에서 월세를 살아도 천국을 경험하면서 살 것입니다. 서로 사랑하고 존경하면서 자기들의 집이 천국이라고 생각할 것입니다. 하지만 하나님의 통치를 거부하고 돈, 권력, 외모, 학벌, 인기를 얻기 위해 몸부림치면서 부부 사이에서도 서로 왕의 자리에 앉으려고 싸우면 아무리 큰 집에 살거나 좋은 차를 타고 다녀도 그들의 삶은 지옥 같이 되고 말 것입니다.

우리는 지금 삶의 현장에서 하나님의 통치를 받음으로써 천국을 경험하고 누려야 합니다. 그뿐 아니라 예수님께서 다시 오시는 날 마귀는 영원한 심판을 받고 우리는 더 이상 죄와 죽음, 아픈 것과 고통이 없는 영원한 하나님 나라의 백성으로 살게 될 것을 기대하고 기다려야 합니다. 이것이 하나님 나라 백성의 삶의 모습입니다.

1. 바벨탑 이야기와 아브라함 이야기의 가장 중요한 차이점은 무엇입니까?

2. 이스라엘 백성이 이집트에서 탈출할 때 하나님은 이집트에 열 가지 재앙을 내리셨습니다. 열 번째 재앙은 이집트의 모든 장자를 죽이는 것이었는데, 이스라엘 백성이 이 재앙을 피할 수 있었던 비결은 무엇입니까?

3. 신명기는 가나안 땅에 들어갈 이스라엘 백성이 어떻게 살아야 하는지를 기록한 책입니다. 그들이 마땅히 살아야 할 삶을 요약한 것이 무엇입니까?

4. 예수님은 부활하시어 마귀의 머리를 밟고 승리하셨습니다. 지금 마귀는 이미 치명상을 입은 상태에서 최후의 발악을 하고 있습니다. 그렇다면 마귀가 영원히 심판 받고 우리가 완전한 하나님 나라를 경험할 수 있는 시기는 언제입니까?

5. 우리가 삶에서 작은 천국을 경험하기 위해 필요한 것은 무엇입니까?

교회는 섬김의 공동체입니다.
교회에서 일을 많이 하는 사람일수록
겸손하게 자기를 낮추고 연약한 지체들을 섬길 때
그 교회는 주님의 은혜 안에서
더욱 든든히 서 가게 될 것입니다.

교회란
무엇인가

>

새로운
가족

신생아는 한동안 지구가 자기를 중심으로 돈다고 생각합니다. 엄마가 잠도 못 자고 자기를 돌봐 주는 동안 얼마나 힘들게 고생하는지는 전혀 생각하지 않습니다. 아무 때나 배고프면 울고, 졸리면 짜증을 냅니다. 하지만 시간이 지날수록 자기 주위에 또 다른 가족이 있다는 것을 알게 됩니다. 엄마와 아빠가 있고, 형제가 있다는 생각을 하게 되는 것입니다. 그때부터 다른 가족들과 함께하는 삶을 배우게 되고, 거기서 자기 역할이 무엇인지도 알게 됩니다. 좀 더 성숙해지면 다른 가족을 도와주기도 합니다.

우리가 처음 예수님을 믿으면 모든 관심이 내게 집중됩니다. 하나님을 알지 못하고 영원히 멸망 받을 수밖에 없던 내가 예수님을 믿음으로써 새로운 생명을 얻었다는 감격에 다른 것을 생각할 겨를이 없습니다. 그러나 어느 순간 이렇게 구원받고 새 생명

얻은 사람이 나 혼자가 아니라 여러 사람이라는 것을 알게 됩니다. 다시 말하면, 교회라는 새로운 가족을 만나게 되는 것입니다.

보통 가족은 같은 피를 나눈 경우가 대부분입니다. 그러나 교회라는 새로운 가족은 전혀 다른 성격을 가지고 있습니다. 평소에는 잘 알지도 못하고 전혀 관심도 없던 사람들이 예수님 안에서 새로운 가족이 되는 것입니다. 심지어 서로 미워하고 손가락질하던 사람들이 하나가 될 수 있는 곳이 교회입니다.

원래 유대인들은 자기들만 하나님이 선택하신 사람이고 다른 이방인들은 개, 돼지와 다를 바가 없다고 생각했습니다. 당연히 다른 나라 사람들도 유대인들을 좋게 보지 않았습니다. 그런데 이들이 서로 사랑하고 하나 되어 새로운 가족을 이룬 공동체가 바로 교회입니다.

에베소서에 보면 예수님은 하나님과 우리 사이의 담을 허물어 우리가 하나님께 당당히 나아갈 수 있게 해 주셨을 뿐만 아니라, 사람과 사람 사이에 있는 담도 허물어 주셨습니다. 그래서 유대인과 이방인이 예수님 안에서 모든 막혔던 담을 허물고 한 가족이 되게 해 주셨습니다. 또 당시에는 남자와 여자의 차별이 극심했는데, 예수님께서 오셔서 남자와 여자 사이의 담도 허물어 모두 같은 형제자매가 되게 해 주셨습니다. 특히 당시에는 노예 제도가 있어서 주인과 종의 관계가 철저했는데, 예수님께서 주인과 노예 사이의 장벽도 허물어 주인과 종이 교회라는 공동체에서 한 가족이 되게 해 주셨습니다. 서로 무시하고 압제하던 사람들이 교회라는 공동체에서 한 가족이 되어 서로 존경하고 사랑하는 관계가 되게 해 주셨습니다.

한국에도 이런 아름다운 이야기가 많이 있습니다. 전북 김제에 있는 금산교회는 1905년에 최의덕(L. B. Tate) 선교사에 의해서 설립되었습니다. 금산교회는 처음에 조덕삼이라는 사람의 사랑채에서 출발했는데, 그 후 조덕삼의 집에 말을 끄는 마부로 들어온 이자익이라는 젊은이가 먼저 예수님을 믿은 조덕삼을 따라 교회에 나가게 되었습니다. 이들은 여전히 마부와 주인의 관계였지만 서로 존경하고 사랑하는 아름다운 가족으로 같은 교회에 나갔습니다. 그러다가 그 교회에서 첫 번째 장로를 뽑는 투표가 있었는데 놀랍게도 마부였던 이자익이 먼저 장로가 되었습니다. 물론 후일에 조덕삼도 장로가 되었습니다. 조덕삼 장로는 마부였던 이자익을 신학교에 보내어 목사 안수를 받게 하고 다시 금산교회로 초빙해서 담임 목사로 모셨습니다. 그리스도의 사랑이 이들을 한 가족, 한 형제로 만든 것입니다.

이처럼 교회는 성별, 고향, 학벌, 직업과 관계없이 모두 형제자매가 되어 아름다운 가족이 되는 새로운 공동체입니다.

한 몸으로
부르심

교회를 설명하는 또 하나의 그림은 한 몸이라는 것입니다. 우리의 몸에는 많은 지체가 있습니다. 손도 있고, 발도 있고, 눈도 있고, 코도 있고, 귀도 있습니다. 그런가 하면 눈에 보이지 않는 심장이나 폐 같은 여러 조직도 있습니다. 그런데 그 많은 지체 중에서 필요 없는 지체는 하나도 없습니다. 각기 맡은 역할은 다르지만 각자의 자리에서 소중한 일을 하고 있습니다. 눈이 있어야 볼 수 있고, 귀가 있어야 들을 수 있습니다. 입이 있어야 먹을 수 있고 말할 수 있습니다. 다리와 발이 있어야 걸어 다닐 수 있고, 손이 있어야 무엇인가를 집을 수 있습니다.

이 모든 지체 중에서 중요하지 않은 것은 아무것도 없습니다. 예를 들어, 가장 더러운 일을 하는 항문이 없으면 어떻게 될까요? 상상만 해도 끔찍하지 않습니까? 그래서 교회라는 공동체에는 필요 없는 사람이 없고, 소중하지 않은 사람이 한 사람도 없습니다. 모두가 소중하고, 모두가 필요한 사람입니다. 만일 부자와 가난한 사람이 같이 교회에 왔을 때 부자만 우대하고 가난한 사람은 무시한다면, 그것은 교회가 한 몸임을 모르는 사람의 행동이라고 할 수 있을 것입니다.

중요한 것은 이 모든 지체가 서로 연결되어 있다는 것입니다. 세상에서 가장 아름답고 건강한 눈과 가장 힘센 팔과 다리, 세상에서 가장 잘생긴 코와 예쁜 입을 모아 두면 무엇이 될까요? 그것은 그냥 시체 조각일 뿐 아무것도 아닙니다. 수많은 지체가 서로 연결되어 있어야만 생명체로서 가치가 있는 것입니다. 그런 의미에서 교회는 서로 연결되어 있어야 합니다. 연결되었는지 안 되었는지를 아는 가장 좋은 방법은 고통을 느낄 수 있는지 확인하는 것입니다. 다리를 꼬집으면 다리만 아플까요? 당연히 온몸이 아픕니다. 배가 아픈데 다른 지체들은 전혀 상관없는 것처럼 생각한다면 제대로 연결된 몸이 아닙니다. 그래서 성도들은 서로의 아픔과 기쁨을 같이 나눌 수 있어야 합니다.

특별히 교회를 몸이라고 할 때 잊지 말아야 할 것은, 머리가 예수님이라는 것입니다. 손과 발이 각기 자기가 하고 싶은 대로 하는 것이 아니라, 머리이신 예수님의 통제를 받아야 한다는 것입니다. 머리이신 예수님을 인정하지 않고 몸에 있는 각 지체가 자기의 목소리를 내면서 자기 마음대로 하려고 하면 그 몸은 곧 병들거나 넘어지게 되어 있습니다.

요즘 교회 안에 이런저런 문제가 생기는 경우 공통적인 현상이 있는데, 머리이신 예수님을 인정하지 않는다는 것입니다. 예수님의 통제를 받으면 지체들끼리 부딪히거나 따로 노는 경우는 있을 수 없기 때문입니다. 그래서 성도들은 머리이신 예수님의 가르침에 늘 귀를 기울여야 합니다. 그리고 예수님의 그 사랑이 나를 통해 또 다른 지체에게로 흘러가게 해야 합니다. 다른 지체의 아픔과 슬픔을 함께하고 서로서로 세워 갈 때 건강한 몸, 건강한 교회가 될 것입니다.

건물이 아니라
공동체

보통 교회라고 말하면 제일 먼저 떠올리는 것이 건물입니다. 그런데 엄격하게 말하면 교회는 건물이 아니라 믿는 사람의 공동체입니다. 로마에 있던 초대 교회 성도들은 박해를 피해서 지하 무덤인 카타콤에 모여서 예배를 드렸습니다. 거기에는 화려한 조명과 멋진 건물이 없었습니다. 그렇지만 예수님을 믿는 사람들이 모인 공동체였기에 그곳은 가장 아름다운 교회였습니다.

유럽에 가면 정말 멋진 교회당이 많습니다. 큰 건물에 화려한 장식이 되어 있어 수많은 관광객이 찾아갑니다. 하지만 예배할 성도들이 점점 사라지면서 건물을 유지하기 힘든 상황에 놓인 곳이 많습니다. 그런 교회당들이 상가로, 유흥 주점으로, 심지어 이슬람 사원으로 팔렸다는 가슴 아픈 소식이 들립니다.

교회 공동체가 같이 예배하고 교육하고 선교의 거점으로 쓰기 위해 건물이 필요합니다. 그러나 그 건물은 믿음의 공동체가 신앙생활하는 것을 돕는 역할을 할 뿐, 교회를 교회 되게 만드는 본질은 아닙니다. 그래서 우리가 더 중요하게 생각하고 힘을 써야 할 것은 공동체를 세우는 것입니다. 원래 하나님은 공동체로 존재하는 분이십니다. 성부, 성자, 성령께서 하나 되어 존재하십니다. 하나님이 인간을 자신을 닮은 존재로 만드셨기에 인간도 공동체로 존재해야 정상적인 삶을 살 수 있습니다. 《로빈슨 크루소》의 이야기처럼 혼자 사는 인간은 하나님의 창조 질서와 잘 맞지 않기에 여러 가지 힘든 상황을 경험하게 됩니다. 더욱이 교회 공동체는 절대 각자 살 수 없습니다. '외로운 그리스도인'이라는 말은 마치 '둥근 사각형'이라는 말처럼 글로 쓸 수는 있지만 사실 말이 안 되는 것입니다.

그런데 사람마다 자기 생각이 있고, 자기의 경험이나 자기의 지식이 있기 마련입니다. 이런 다양한 사람이 교회라는 공동체 안에 들어오면 당연히 불편한 생각이 들게 되어 있습니다. 고향이 다르고 정치적 성향이 다른 사람, 세대가 달라 경험한 고통과 아픔이 다른 사람들이 하나의 공동체를 세우는 일은 절대 쉽지 않습니다. 게다가 가난하고 힘든 사람이 있다면 그 사람을 돕기 위해 누군가는 돈과 시간을 더 써야 합니다.

그런데 이기적인 인간의 본성이 이것을 힘들게 합니다. 그래서 많은 사람이 교회에 가지만 공동체를 경험하기보다 각자가 예배를 드리는 것으로 자기 할 일을 다했다고 생각하기 쉽습니다. 그래서 내 옆에 누가 왔는지, 내 앞에 앉아 있는 사람이 무엇 때문에 어두운 얼굴을 하고 있는지 그리고 당연히 예배의 자리에 있어야 할 사람이 왜 안 보이는지 관심이 없는 경우가 많습니다. 이것은 우리가 공동체로 존재해야 하는 교회의 참된 의미를 잊어버렸기 때문입니다.

때로는 교회 규모가 커서 전체 사람을 잘 모르기 때문에 교회의 공동체성을 경험하지 못하는 경우도 있습니다. 이런 문제를 해결하기 위해서 반드시 소그룹 공동체에 소속되는 것이 좋습니다. 그래서 소수의 사람이 한 가족이 되어 같이 기도하고, 같이 울어 주고, 같이 기뻐하는 공동체를 경험해야 합니다.

예수는 믿지만
교회는 싫다?

　　간혹 뉴스에 교인들이 벌이는 추태가 보도되는 경우가 있습니다. 굳이 뉴스를 보지 않더라도 교회 안에서 성도들끼리 마음이 상해서 교회를 떠나는 경우도 있습니다. 심지어 요즘은 교회에 안 나가는 사람들을 일컫는 '가나안 성도'라는 신조어까지 생겼습니다.

　　이런 현상이 요즘 갑자기 생긴 것은 아닙니다. 성경에 등장하는 교회들 중에도 이런 수많은 문제를 가진 교회들이 있었습니다. 그중에서 대표적으로 고린도교회를 예로 들 수 있습니다. 고린도교회 사람들은 어떤 지도자를 좋아하는가에 따라서 파벌을 만들고 있었습니다. 베드로파, 바울파, 바나바파, 심지어 우리는 아무 파도 아니고 예수님파라고 하는 사람까지 있었습니다. 그런가 하면 교인들끼리 서로 싸워서 세상 법정에서 재판을 하는 경우도 있었고, 자기 계모와 간음죄를 지은 사람도 있었습니다. 부자들이 가난한 사람을 배려하지 않고 자기들 중심으로 행동한 문제도 있었습니다. 또 자기가 받은 은사가 최고라며 서로 자랑하고 남을 무시하는 사람들도 있었습니다.

이런 실망스러운 현상이 생기는 이유가 무엇일까요? 처음 예수님을 믿을 때 우리는 영적인 갓난아이로 태어납니다. 어떤 아이도 태어나자마자 걸어 다니면서 자기 할 일을 다 하는 경우는 없습니다. 엄마가 잠을 자건 말건 상관하지 않고 자기 필요한 것만 달라고 우는 것이 어린아이의 모습입니다. 교회 안에 이런 어린아이가 많기 때문에 미숙하고 연약한 모습이 많이 보이는 것입니다.

고린도전서에서는 이 모든 문제를 해결하는 가장 확실한 길을 보여 줍니다. 그것은 바로 사랑입니다. 사랑이라는 말을 워낙 다른 의미로 많이 사용해서 진짜 사랑의 의미를 잊어버릴 수 있습니다. 고린도전서에서 말하는 사랑의 의미를 이해하려면 예수님께서 우리를 사랑하시어 자신의 몸을 십자가에 내어 주신 그 사랑을 생각하면 됩니다.

그 사랑은 오래 참고 기다려 주는 사랑입니다. 다른 사람이 잘하는 것을 보고 시기하거나 자기 자랑을 늘어놓는 것이 아닙니다. 화를 내거나 악한 생각을 하면서 무례하게 행동하지도 않습니다. 이기적으로 자기 몫만 챙기지도 않습니다. 다른 사람의 부족함을 덮어 주고 앞으로 변화될 그 사람을 생각하면서 믿어 주는 것입니다. 그런 사랑이 미숙하고 문제 많은 사람을 점점 키우게 될 것이고, 언젠가는 그 사람도 성숙하게 되어 또 다른 누군가를 돌보아 줄 것입니다.

그러나 모든 것을 덮어 준다고 거짓된 이단이나 진리를 왜곡하는 것까지 덮어 주는 것은 진정한 사랑이 아닙니다. 진리가 아닌 잘못된 가르침에 대해서는 정확하게 분별해서 바로잡아 주어야 합니다. 거기에 대해서는 분명한 목소리를 내야 하고, 이단이나 불의에 대해서는 단호한 행동을 해야 합니다. 요한이서에 보면 이단에게는 인사도 하지 말라고 말합니다. 이단을 구별하는 가장 확실한 기준은 사람을 신격화하는 것입니다. 그리고 그리스도께서 하신 일을 왜곡하는 것입니다. 그리스도의 은혜로 구원받은 것을 잊어버리고 인간의 힘을 의지하라고 가르치는 것은 이단입니다. 구원받은 하나님의 은혜를 강조하느라 구원받은 하나님의 백성이 아무렇게나 살아도 괜찮다고 하는 것 또한 이단입니다. 어느 한쪽 진리를 강조하느라 다른 것을 희생시키는 것이 이단의 중요한 특징입니다.

결론적으로 본질적인 것에서는 일치를, 비본질적인 것에는 자유를, 모든 것에서 사랑을 이루어 내야 합니다.

서로 돌아보고
사랑과 선행을 격려하기

옛날에는 한 가정에 자녀가 아홉 또는 열 명씩 되던 때가 있었습니다. 그때는 부모만 아이들을 돌보는 것이 아니라, 온 가족이 어린아이를 돌보았습니다. 언니가 동생 기저귀를 갈아 주기도 하고, 형이 동생을 업어 주기도 했습니다. 온 가족이 한 생명을 돌본 것입니다. 교회도 그렇게 모두가 어린 영혼들을 돌봐 주어야 합니다.

이제 막 신앙생활을 시작한 사람은 영적으로 갓난아이 같습니다. 어떻게 신앙생활해야 할지 전혀 알지 못합니다. 교회의 문화에도 익숙하지 않습니다. 이때 먼저 신앙생활을 시작한 사람들이 영적 갓난아이를 돌보며 길을 가르쳐 주어야 합니다. 어린아이는 부모의 등을 보고 배웁니다. 교회에서도 앞서가는 사람이 걸어가면서 남긴 발자국이 뒤따르는 사람들에게 길이 됩니다. 그런 의미에서 앞서가는 사람이 본을 보여야 하는 것입니다.

히브리서 10장 24절은 "서로 돌아보아 사랑과 선행을 격려하며"라고 말씀합니다. 당시 히브리서의 수신자들은 주위 사람들의 박해로 인해 믿음이 흔들리고 있었습니다. 믿음을 버리고 다시 옛날로 돌아갈까 생각하는 사람들도 있었습니다. 그때 히브리서 기자는 서로 돌아보아 사랑과 선행을 격려하라고 말한 것입니다.

얼룩말은 사자와 비교하면 너무 약한 존재이지만, 같이 모여 있으면 사자가 함부로 공격하지 못합니다. 그러나 무리에서 낙오되어 혼자 떨어져 있는 얼룩말은 바로 사자의 밥이 됩니다. 따라서 성도는 혼자 신앙생활을 해서는 안 되고, 반드시 교회 공동체에 소속되어 다른 형제자매들과 돌봄과 격려를 주고받아야 합니다.

교회에는 대그룹과 소그룹이 같이 있습니다. 대그룹은 같이 예배를 드리는 전체 교회입니다. 대그룹과 소그룹은 새의 두 날개 같은 것입니다. 한쪽 날개만으로는 새가 날 수 없듯이 교회도 한쪽 날개로는 존재하기 어렵습니다. 초대 교회 때에도 수천 명의 성도가 성전에 모여서 말씀을 들음과 동시에 가정 단위의 작은 그룹에서 깊은 교제를 나누었습니다. 대그룹에서 많은 성도가 한마음으로 예배할 때 강력한 하나님의 임재를 경험하게 됩니다. 그리고 같은 믿음, 같은 신앙 고백을 유지하기 위해서 대그룹이 필요합니다. 하지만 대그룹에서 예배만 드리고 돌아가면 성도와의 교제를 나누기가 매우 어려울 것입니다. 그래서 대그룹과 함께 꼭 필요한 것이 소그룹입니다. 소그룹에서는 서로의 어려움과 필요를 다 알기에 더 가깝게 기도하며 서로를 도와줄 수 있습니다.

예수님은 성도들이 어떻게 서로 섬겨야 하는지 모범을 보여 주셨습니다. 예수님이 십자가를 지시기 전 유월절에 제자들의 발을 씻어 주신 것입니다. 당시 관습으로 하자면 가장 낮은 자가 발을 씻어 주게 되어 있었습니다. 하지만 예수님은 친히 제자들의 더러운 발을 씻어 주셨습니다. 제자들이 너무 부끄러워하고 민망해할 때 예수님은 제자들에게 너희도 서로 발을 씻어 주라고 권면하셨습니다.

교회는 섬김의 공동체입니다. 교회에서 일을 많이 하는 사람일수록 겸손하게 자기를 낮추고 연약한 지체들을 섬길 때 그 교회는 주님의 은혜 안에서 더욱 든든히 서 가게 될 것입니다.

1. 예수님께서는 사람들 사이에 막혀 있던 모든 담을 허물어 주고 모두를 하나 되게 하셨습니다. 이렇게 하나 되어 모인 공동체를 무엇이라고 부릅니까?

2. 교회를 몸이라고 할 때 머리는 누구입니까?

3. 교회는 건물이 아닙니다. 그렇다면 무엇을 보고 교회라고 하는 것입니까?

4. 교회 안에는 영적인 갓난아이들이 많기 때문에 여러 가지 문제가 생길 수 있습니다. 고린도전서에서 이런 문제를 해결하기 위해 제시한 것이 무엇입니까?

5. 교회에서는 서로 돌아보고 섬겨야 합니다. 예수님께서는 십자가를 지기 전에 교회 안에서 서로 어떻게 섬겨야 할지 모범을 보여 주셨습니다. 구체적으로 어떤 행동을 하셨습니까?

10

예수님은 우리가 서 있는 지금 이 자리에서
빛과 소금으로 살아가기를 원하고 계십니다.

그리스도인은 세상에서 어떻게 살아야 하는가

>

목적을
따라 사는 삶

지혜의 왕으로 알려진 솔로몬은 이 땅에서 사는 동안 인간이 누릴 수 있는 모든 영광을 다 누려 보았습니다. 우선 그는 매우 지혜로운 사람이었습니다. 두 어머니가 한 아이를 두고 서로 자기 아이라고 우길 때 아이를 반으로 나누어서 주라고 한 이야기를 알 것입니다. 진짜 어머니는 자기 아이를 못 찾더라도 살려 달라고 했고, 가짜 어머니는 죽여서 나누어 달라고 했습니다. 결국 솔로몬은 유전자 검사도 할 수 없던 그 시대에 지혜로 진짜 어머니를 찾아 주었습니다. 이런 그의 지혜로운 말을 듣기 위해서 스바의 여왕이 많은 예물을 들고 찾아오기도 했습니다. 그뿐 아니라 솔로몬의 궁궐에는 금으로 된 방패, 금으로 된 그릇이 가득했던 것은 물론이고 솔로몬이 앉던 의자도 금과 상아로 장식되어 있었습니다. 당시에는 금이 하도 많아서 은을 시시하게 여길 정도였습니다. 또한 그는 이웃 나라 공주들과 정략결혼을 해서 그의 공식적인 부인만 1천 명이었습니다. 그는 인간이 누릴 수 있는 모든 영화를 다 누렸습니다. 아마 이런 이야기를 들으면 많은 사람이 참 행복했겠다고 생각할 것입니다. 그런데 그가 인생 말년에 기록한 전도서라는 책에서 그는 자기의 인생을 돌아보면서 헛되고 헛된 인생을 살았다고 고백합니다. 이게 제일 행복한 것인 줄 알고 그렇게 살아 보았는데 헛된 인생이더라는 것입니다. 물론 많은 사람이 '나도 인생 마지막에 헛된 인생이었다고 말하는 한이 있더라도 일단 그렇게 살아 보고 싶다'고 생각할 것입니다.

혹시 식당 같은 데서 파리를 잡기 위해 달아 둔 끈끈이를 본 적 있습니까? 첫 번째 파리는 그게 무엇인지 모르고 달려들었다가 끈끈이에 붙었을 것입니다. 그런데 나중에 보면 수많은 파리가 달라붙어 죽어 있는데도 계속해서 달려듭니다. 이런 모습을 보면 참 어리석다는 생각이 들지 않습니까? 솔로몬이 자기가 살아 본 삶이 헛되고 헛되다고 소리치는데도 만일 우리가 솔로몬이 추구했던 부귀와 영화를 누리는 삶이 행복인 줄 알고 달려간다면 우리도 인생 마지막에 참 헛되게 살았다고 어리석은 고백을 할 수밖에 없을 것입니다.

솔로몬은 자기의 실패를 따라 하지 말라면서 어떻게 사는 것이 가장 복된 길인지를 알려 주었습니다. 전도서 12장 1절을 보십시오. 그는 "너는 청년의 때에 너의 창조주를 기억하라"라고 권면합니다. 그리고 전도서 12장 13절에서는 이렇게 말합니다.

"일의 결국을 다 들었으니 하나님을 경외하고 그의 명령들을 지킬지어다 이것이 모든 사람의 본분이니라."

그는 하나님을 경외하고 그분의 명령들을 지키면서 사는 삶이 결국에는 가장 행복한 길로 가는 것임을 알려 주었습니다. 그리고 바울은 고린도전서 10장 31절에서 "그런즉 너희가 먹든지 마시든지 무엇을 하든지 다 하나님의 영광을 위하여 하라"고 권면했습니다.

17세기 영국에서는 자녀들에게 성경의 중요한 교리를 가르쳐 주기 위해서 《웨스트민스터 소요리 문답》을 만들었습니다. 이 책은 질문과 대답 형식으로 교리를 정리한 것인데, 그중에서 첫 번째 질문과 대답이 이렇게 되어 있습니다.

Q. 사람의 제일 되는 목적이 무엇인가?
A. 하나님을 영화롭게 하고 영원토록 그를 즐거워하는 것입니다.

목적 없이 살아가는 인생은 마지막에 도착할 곳도 없이 떠다니는 배 같은 것입니다. 목적이 있긴 한데 잘못된 목적을 가지고 살아간다면 인생 마지막에 엉뚱한 항구에 도착해 있을 것입니다. 그런데 웨스트민스터 신앙 고백 1번은 우리 인생의 목적이 하나님을 영화롭게 하고 영원토록 그를 즐거워하는 것이라고 말합니다. 이 말은 내 인생을 포기하고 하나님만 섬기라는 뜻이 아닙니다. 하나님을 영화롭게 하는 삶이 내게도 가장 복된 삶이라는 것입니다. 왜냐하면 하나님은 우리로부터 무엇인가를 착취해 가는 악한 통치자가 아니라, 자신의 아들을 주면서까지 우리를 가장 좋은 길로 이끌어 주시는 분이기 때문입니다. 하나님을 영화롭게 할 때 그리고 하나님과 함께하는 삶을 즐길 때 우리 인생은 참된 행복의 길로 가게 될 것입니다.

소명을
따라 사는 삶

아이들이 어릴 때 주위에 있는 사람들이 '너는 앞으로 뭐가 되고 싶니?'라는 질문을 많이 던집니다. 보통 사람들은 돈을 많이 버는 직업, 권력을 갖는 자리 같은 것이 좋은 것이라고 생각하고 자기 자녀가 그런 사람이 되고 싶다고 하면 내심 좋아합니다.

구약성경인 사사기 12장에 보면 입산이라는 사사가 나옵니다. 당시의 사사는 왕은 아니지만, 백성을 재판하고 전쟁이 나면 군대의 최고 통수권자가 되었던 이스라엘의 최고 지도자였습니다. 그런데 그런 중요한 자리에 있었던 입산에 관한 성경의 기록을 보면 굉장히 의아한 생각이 듭니다. 사사기 12장 9절을 보십시오.

"그가 아들 삼십 명과 딸 삼십 명을 두었더니 그가 딸들을 밖으로 시집보냈고 아들들을 위하여는 밖에서 여자 삼십 명을 데려왔더라 그가 이스라엘의 사사가 된 지 칠 년이라."

한 나라의 최고 지도자로서 입산이 남긴 행적에 대해서 사사기 기자는 아들딸을 30명씩 낳아서 결혼시켰다는 이야기 말고는 할 말이 없는 것처럼 보입니다. 우선 한 사람이 이렇게 많은 자녀를 두었다는 것은 그의 아내가 한 명이 아니었다는 것을 보여 줍니다. 여러 명의 아내 사이에서 아들딸을 60명이나 낳았습니다. 그리고 그 아들딸을 결혼시켰는데, 딸들은 타국으로 시집보내었고 아들들을 위해서는 타국에서 여자 30명을 데리고 왔다는 것입니다. 입산은 분명 이스라엘 최고의 지도자 자리에 올랐지만, 지도자로서 그가 남긴 기록은 정말 부끄러운 것들이었습니다. 그가 이렇게 많은 자녀를 두었다는 것도 그렇거니와, 자녀들을 이방인들과 결혼시킨 것도 당시 상황에서는 매우 심각한 것이었습니다. 어쩌면 그는 주변 나라와 사돈 관계를 맺어 평화를 얻으려 했는지 모르겠습니다. 하지만 그는 한 나라의 지도자로서 너무나도 부끄러운 인생을 살았습니다.

같은 장에 나오는 압돈이라는 사사도 만만치 않습니다. 그는 아들 40명, 손자 30명을 두었는데 그들이 나귀 70마리를 탔다고 기록하고 있습니다. 이것이 압돈이 사사로서 활동했던 것 중에서 할 수 있는 유일한 이야기였습니다. 요즘으로 말하면 이스라엘의 최고 지도자가 되어서 아들, 손자 70명을 두었고, 그들에게 자가

용 한 대씩을 뽑아 주었다는 이야기입니다. 압돈 역시 이렇게 많은 아들을 둔 것으로 보아 아내가 여러 명이었을 것입니다. 그가 사사로서 한 일이라고는 아들과 손자들에게 자가용 한 대씩을 뽑아 준 것밖에 없었다는 것이 너무 슬픕니다.

이 사사들은 분명 사람들이 흔히 말하는 무엇이 된 사람들입니다. 그런데 이 두 사람의 이야기는 우리에게 무엇이 되는 것보다 더 중요한 것이 있다는 것을 알려 줍니다. 그것은 어떻게 사는가 하는 것입니다. 그가 사사이건 왕이건, 아니면 이름 없는 농부 혹은 목동이건 간에 무엇이 되었느냐가 중요한 것이 아니라, 그가 있던 그 자리에서 어떻게 살았느냐가 더 중요하다는 것입니다.

야구 경기를 할 때 홈런을 치고 나간 선수도 중요하지만, 때로는 선행 주자를 위해 번트를 대고 자기는 아웃 되는 선수도 훌륭합니다. 바울처럼 온 세계를 누비면서 선교한 사람도 귀하고 훌륭하지만, 스데반처럼 순교의 제물이 된 사람도 하나님이 보실 때는 너무 귀한 사람입니다.

목회자나 선교사가 되려면 반드시 하나님의 부르심, 즉 소명이 있어야 합니다. 그런데 목회자나 선교사만 소명을 따라 사는 것은 아닙니다. 우리가 세상 속에서 하는 모든 일은 알고 보면 하나님의 부르심을 받아서 하는 것입니다. 우리가 농부, 회사원, 노동자, 기술자, 샐러리맨, 정치인, 예술인, 사업가 등 무슨 일을 하든지 하나님께서 이 일을 위해 나를 이 자리로 부르셨다는 생각을 가지고 일해야 합니다. 예를 들면, 식당에서 서빙하는 직원이 돈

몇 푼 벌기 위해서 별 아니꼬운 일을 다 겪으면서 일한다고 생각하는 것과 자기 식당을 찾는 손님이 나를 찾아온 예수님이라고 생각하고 서빙하는 것 사이에는 하늘과 땅만큼의 차이가 날 것입니다. 또한 공장에서 볼트나 너트를 깎는 사람이 하나님께서 맡기신 일이라 생각하며 그 일을 한다면 불량품 없는 훌륭한 제품을 만들어 내게 될 것입니다. 그런 마음으로 정치를 하고 그런 마음으로 사업을 한다면 우리 사회가 얼마나 달라지겠습니까? 직장에 다니지 않고 가정에서 아이를 돌보는 엄마가 혼자서 독박육아를 한다고 억울해하기보다, 하나님께서 나에게 온 천하보다 귀한 생명을 양육하는 너무나 소중한 일을 맡기셨다고 생각한다면, 육아가 힘들긴 하지만 그 가운데서 큰 기쁨과 보람을 느끼게 될 것입니다. 우리는 모두 하나님의 부르심을 따라 일하는 사람들입니다.

빛으로,
소금으로 사는 삶

마태복음 5장 13-14절에 보면 예수님께서 제자들에게 '너희는 세상의 소금이다', '너희는 세상의 빛이다'라고 하신 말씀이 나옵니다. 소금과 빛! 그리스도인이 세상에서 어떻게 살아야 하는지를 가장 선명하게 말씀해 주신 것입니다.

우리말 성경에서는 잘 확인되지 않지만, 헬라어로 보면 이 두 문장에서 굉장히 강조된 단어가 있습니다. 바로 '너희'라는 단어입니다. 그러니까 세상의 소금과 빛으로 살아야 할 사람은 다른 누군가가 아니라 바로 '너희들이다'라고 말씀하신 것입니다.

소금으로 산다는 것은 구체적으로 어떤 삶일까요? 소금의 중요한 기능 중의 하나는 부패를 막아 준다는 것입니다. 냉장고가 없던 시절에 생선을 보관하려면 소금을 쳐야 했습니다. 우리나라에서도 내륙 지방인 안동의 간 고등어가 유명하지 않습니까? 바닷가에서는 회로 먹어도 되지만, 며칠씩 걸어가야 나오는 내륙 지방에서 생선을 먹으려면 소금을 쳐서 짜게 만드는 방법밖에 없었습니다. 그러니까 '너희는 세상의 소금'이라고 말씀하신 것은 세상이 썩지 않도록 역할을 해야 하는 사람이 세상 속에서 그리스도인으로 살아가는 바로 우리라는 것입니다.

바닷물의 소금 농도는 평균 3.5퍼센트에 불과하다고 합니다. 3.5퍼센트의 미미한 소금이 전체 바닷물의 오염을 막는 것입니다. 그런 의미에서 적은 수의 성도라 해도 세상의 오염을 막는 소중한 일을 감당할 수 있다는 것입니다.

소금의 또 다른 역할은 맛을 내는 것입니다. 소금이 들어가지 않은 음식은 밍밍해서 먹기 힘듭니다. 그때 적당량의 소금을 넣으면 맛이 나지 않습니까? 성도들이 그런 역할을 해야 한다는 것입니다. 성도들이 말씀 안에서 사랑을 나누고 은혜를 나눌 때 그 한 사람 때문에 가족이나 회사가 맛깔 나는 공동체가 되는 것입니다.

주인은 종을 향해 형제님이라 부르고, 종은 자유를 얻었는데도 자기는 주인님과 평생을 함께하고 싶다면서 서로 사랑하고 존경하는 공동체를 생각해 보십시오. 노예를 소유한 주인들끼리 모여서 술 마시고 노래를 부르며 "노예 놈들 말 안 들으면 채찍으로 때려. 그래도 안 죽어"라고 낄낄거리는 공동체와 비교해 보십시오. 그리스도인들이 들어가는 세상이 얼마나 맛깔 나는 세상으로 바뀌는지 상상해 보십시오.

또 다른 표현은 '세상의 빛'이라는 말씀인데, 소금의 역할이 좀 소극적이라면 빛은 보다 적극적입니다. 빛이 비춰면 어둠은 물러가게 되어 있습니다. 소금이 지키는 것이라면, 빛은 바꾸는 것입니다. 빛은 어두움을 밝힐 뿐만 아니라, 어두움의 원인까지 밝힙니다.

그런데 예수님께서 너희가 세상의 빛이고 소금이라고 말씀하실 때 이것을 제일 먼저 들었던 사람들이 누구입니까? 누가 말씀하시는 예수님 주위에 있었습니까? 제일 안쪽에는 제자들이 있었을 것입니다. 그리고 그 뒤에는 무리들이 있었을 것입니다. 그들은 대개 어떤 사람이었습니까? 무리들은 주로 가난하고 병들고 힘없는 시골 사람들이었습니다. 예수님의 제자들도 고기 잡는 시골 어부거나 사람들에게 손가락질 받는 세리 같은 이들이었습니다. 특별히 마태복음을 기록하고 있는 마태 자신도 세리 출신입니다. 그런데 주님은 다른 사람 말고 바로 그들이, 세상의 눈으로 볼 때는 별 볼 일 없어 보이는 그들이 세상의 소금이고 빛이라고 말씀하신 것입니다.

당시 로마는 '팍스 로마나'(Pax Romana)라고 해서 로마를 통해 온 세상에 평화를 가져오겠다는 꿈을 꾸고 있었습니다. 그러나 주님은 그 꿈을 실행시키기 위해서 파송 받아 온 로마 총독 빌라도에게 '너는 세상의 소금이다, 빛이다'라고 하지 않으셨습니다. 성전에서 일하는 제사장이나 성경을 줄줄 외우는 서기관이나 율법을 잘 지키기로 유명한 바리새인 대신에 아무 힘도 없고 별 볼 일 없어 보이는 그 사람들에게 '너희가 바로 세상의 빛이고 소금이다'

라고 말씀하신 것입니다.

마태복음 5장 16절을 보십시오.

"이같이 너희 빛이 사람 앞에 비치게 하여 그들로 너희 착한 행실을 보고 하늘에 계신 너희 아버지께 영광을 돌리게 하라."

여기에도 보면 '너희'라는 말이 세 번이나 반복됩니다. 스스로 느끼기에 나는 부족해서 하나님께 영광을 올려 드리기는 힘들다고 생각합니까? 나중에 유명한 사람이 되어야만 하나님께 영광 돌릴 수 있다고 생각합니까? 예수님은 우리가 서 있는 지금 이 자리에서 빛과 소금으로 살아가기를 원하고 계십니다.

이웃과
더불어 사는 삶

로드니 스타크(Rodney Stark)라는 사람은 하나님이 계신지 안 계신지 모르겠다고 하는 불가지론자입니다. 그는 사회학자로서 한 가지 중요한 질문을 가지고《기독교의 발흥》(좋은씨앗 역간)이라는 책을 썼습니다. 갈릴리 변방에서 시작된 기독교가 어떻게 온 로마를 대표하는 종교가 되고 전 세계에 퍼지게 되었을까를 신앙적 관점이 아닌 사회학적인 관점에서 연구했습니다.

그 책에서 저자는 1-4세기에 있었던 여러 번의 역병이 기독교의 성장을 이끌었다고 말합니다. 당시 사람들은 역병에 걸리면 전염될 것이 두려워 가족이라 해도 다 집 밖으로 내몰았다고 합니다. 그렇게 길거리에서 죽어 가던 사람들을 적극적으로 도와준 이들이 그리스도인이라는 것입니다. 사실 집 밖으로 내몰려 죽어 가던 사람들 중에는 물과 영양분만 잘 공급해도 살아날 수 있는 사람이 많았기에 그리스도인의 선행을 통해 많은 사람이 살아나게 되었고, 후일에 그들과 그 가족들이 그리스도인이 되었다고 이야기합니다.

지금 우리 한국은 세계에서 가장 경쟁이 치열한 사회입니다. 그 사이에서 빈부 갈등, 이념 갈등, 정당 간 갈등, 세대 갈등, 남녀 갈등, 학력 갈등이 점점 더 심해져 가고 있습니다. 그런데 문제는, 진화론적 관점에서 보면 더 가진 자, 더 힘 있는 자, 더 똑똑한 자가 계속 진화를 반복해 가고 힘없고 약한 사람은 진화의 과정에서 밀려난다고 보는 것이 너무 당연한 것처럼 보입니다. 장애가 있는 사람, 지능이 낮은 사람을 진화의 장애물처럼 보는 것이 진화론적 관점입니다. 그러나 하나님께서 우리를 너무나 귀한 존재로 지으셨고, 한 사람이 온 천하보다 더 귀하다는 하나님의 관점으로 사람들을 보기 시작하면, 성도야말로 이 사회의 여러 갈등과 아픔을 조금이나마 해결하는 사람이 될 수 있습니다. 약한 자를 보듬어 주고, 가난하고 병든 자들의 친구가 되어 줄 수 있습니다. 그래서 자기 개인의 구원과 개인의 행복에만 집중하는 성도가 아니라, 이 시대의 아픔과 소외된 자의 고통을 같이 짊어지고 대신 짐을 져 주는 사람이 되어야 하는 것입니다.

마태복음 25장에서 예수님은 재림할 때 일어날 일에 관해 말씀하시면서 이런 이야기를 들려주셨습니다. 예수님께서 사람들을 심판하실 때 오른쪽에 있는 사람들에게는 '내가 굶주릴 때 먹을 것을 주었고, 목마를 때 마시게 하였고, 나그네 되었을 때 영접하였고, 헐벗었을 때 옷을 입혔고, 병들었을 때 돌보았고, 옥에 갇혔을 때 와서 보았다'고 하면서 칭찬하셨습니다. 그때 그 사람들이 자신들은 주님을 그렇게 섬긴 적이 없다고 대답했습니다. 그러자 주님은 그들에게 '지극히 작은 자에게 한 것이 곧 내게 한 것'이라고 하셨습니다. 반면에 왼쪽에 있는 사람들에게는 '너희는 내가 힘들 때 돌아보지 않았다'며 책망하셨습니다. 그때 그 사람들이 자신들은 예수님을 돌보지 않은 적이 없다고 대답했습니다. 그러자 주님은 그들에게 '지극히 작은 자에게 하지 않은 것이 곧 내게 하지 않은 것'이라고 하셨습니다. 우리 곁에 있는 힘든 이웃들을 바라보면서 주님께 하듯 그들을 섬길 때 주님께서 기뻐하실 것입니다.

예수님께서 비유로 들려주신 선한 사마리아인의 비유를 생각해 보십시오. 강도 만난 사람을 보고도 그냥 지나갔던 제사장과 레위인의 모습이 오늘 우리의 모습이 되어서는 안 될 것입니다. 사마리아 사람은 위험을 무릅쓰고 강도 만난 사람에게 다가가 기름과 포도주를 부어 그를 치유해 주었을 뿐 아니라 그를 짐승에 태우고 주막으로 데리고 갔습니다. 자기의 시간과 재물을 고통당하는 사람을 위해 기꺼이 사용했습니다. 우리는 이 비유를 들려주신 예수님께서 던지시는 묵직한 질문에 답할 수 있어야 합니다.

"누가 강도 만난 자의 이웃이 되겠느냐"(눅 10:36).

세상의
관리자로 사는 삶

　　창세기에 보면 하나님께서 온 천지를 만드신 후에 그 모든 생물을 다스리는 관리자로 인간을 세우셨습니다. 하나님께서 다스리시는 세상을 인간에게 맡겨 주신 것입니다. 그러나 아담과 하와는 하나님과 같이 되려고 하다가 그 소중한 사명을 잃어버렸습니다.

　그 이후 땅에서는 가시와 엉겅퀴가 나와서 인간의 노동에 큰 짐을 더해 주었습니다. 인간이 관리를 포기하면서 이 땅에는 쓰레기가 넘쳐나고, 온갖 폐기물과 인간들이 내뱉은 더러운 것들로 지구가 오염되고 있습니다. 최근에는 세계 곳곳에서 태풍, 가뭄, 산불 등 생태계가 파괴되고 기후 위기가 찾아오고 있습니다.

　우리가 예수님을 믿은 후에는 여러 가지 회복이 일어나야 합니다. 가장 먼저는 하나님과 우리와의 관계가 회복되어야 합니다.

또한 깨어졌던 사람들과의 관계가 회복될 뿐만 아니라 깨어진 사람들끼리의 관계를 회복시키는 화평하게 하는 자(peace maker)의 역할을 해야 합니다. 한 걸음 더 나아가 깨어진 생태계를 바라보면서 하나님께서 아담과 하와에게 주셨던 세상을 관리하고 다스리는 사명을 다시 회복해야 합니다.

다윗은 시편 19편에서 아름다운 자연 현상을 보면서 깊은 묵상을 하게 되었습니다.

> "하늘이 하나님의 영광을 선포하고 궁창이 그의 손으로 하신 일을 나타내는도다"(시 19:1).

그는 하늘의 태양이 아침부터 저녁까지 열심히 달려가면서 자기에게 맡겨 주신 일을 하고 그것을 통해서 하나님의 영광을 선포하는 것을 보았습니다. 그러면서 그는 '나는 지금 제대로 살고 있는가? 하나님께서 내게 맡기신 사명을 제대로 감당하고 있는가?' 하는 생각을 하게 되었습니다. 그래서 마지막 14절에서 이런 고백을 드렸습니다.

> "나의 반석이시요 나의 구속자이신 여호와여 내 입의 말과 마음의 묵상이 주님 앞에 열납되기를 원하나이다"(시 19:14).

다윗 자신의 삶을 통해서 하나님께 영광 올려 드리기를 소망하면서 말 한마디도, 마음의 짧은 생각도 주님께서 기쁘게 받으시는 것들이 되기를 원했습니다. 다시 말하면, 온 세상을 관리하고 돌보는 일은 그냥 노동이나 수고로 끝나는 것이 아니라, 우리와 하나님과의 관계를 새롭게 하는 소중한 통로가 된다는 것입니다.

예수님도 공중의 새와 들의 백합화를 보면서 하나님의 일하심을 보라고 말씀하시지 않았습니까? 그런 의미에서 온 세상을 돌보고 관리하는 것은 그리스도인들에게 아주 중요하고 소중한 일이라고 할 수 있을 것입니다.

우리가 함부로 낭비하는 에너지, 함부로 버리는 쓰레기 등이 하나님의 창조 질서를 교란시키는 것임을 자각할 필요가 있습니다. 무너진 창조 질서를 회복하기 위해 교회와 가정에서 구체적으로 실천할 수 있는 일들이 많이 있습니다. 무엇인가 엄청난 일을 하기보다 쓰레기를 줄이고, 일회용품의 사용을 자제하고, 불필요한 전등 하나를 끄는 것에서부터 세상의 관리자로서의 사명을 다하면 좋겠습니다. 우리의 다음 세대들이 살기 좋은 지구를 만들기 위해서, 이 땅에 사는 수많은 동식물과 같이 살 수 있는 깨끗한 지구를 만들기 위해서 작은 실천을 해 보면 좋겠습니다.

교회에 개인 컵 비치하기, EM으로 샴푸, 비누, 세제를 만들어 교회 공동체가 같이 쓰기, 불필요한 등이나 에어컨 끄기 등 창조 질서를 회복하기 위한 운동을 같이 시작해 봅시다.

1. 웨스트민스터 신앙 고백 1번은 무엇입니까?

2. 당신이 세상 속에서 하는 모든 일이 하나님의 부르심을 따라 하는 일이라는 생각을 해 본 적이 있습니까? 혹시 당신이 놓치고 있는 것이 있었다면 이야기해 봅시다.

3. 당신의 가정과 직장에서 빛의 사명, 소금의 사명을 다하기 위해 구체적으로 어떤 삶을 살아 보고 싶습니까?

4. 누가 강도 만난 자의 이웃이 되겠느냐고 물으시는 예수님의 질문에 답하기 위해서는 내 주위의 강도 만난 자가 누구인지를 돌아보아야 합니다. 당신의 주위에 있는 강도 만난 자는 누구입니까?

5. 우리가 예수님을 만난 후에는 하나님과의 관계, 사람들과의 관계가 회복되어야 할 뿐 아니라 자연과의 관계도 회복되어야 합니다. 하나님의 창조 질서를 회복하기 위해서 당신이 할 수 있는 일은 무엇입니까?

복음은

우리가 서 있는 지금 이 자리에서

예수님처럼 빛과 소금으로

살아가는 것입니다.

에필로그

예수님이 말씀을 전하실 때 그 의미를 잘 이해하지 못한 제자들은 종종 혼란스러워하곤 했습니다. 그것을 안타까워하신 예수님은 그들이 쉽게 이해할 수 있는 언어로 다시 설명하려고 애쓰셨습니다. 한 예로, 예수님께서 비유로 천국에 대해 전해 주셨는데 제자들은 그게 무슨 말인지 잘 알아듣지 못했습니다. 그때 주님은 그 비유의 의미를 그들이 잘 알아들을 수 있게 다시 설명해 주셨습니다. 한번은 이런 일도 있었습니다. 예수님께서 제자들에게 영원한 천국에 가실 것을 이야기하면서 "내가 어디로 가는지 그 길을 너희가 아느니라"(요 14:4)라고 하실 때, 제자였던 도마가 "주께서 어디로 가시는지 우리가 알지 못하거늘 그 길을 어찌 알겠사옵나이까"(요 14:5)라고 했습니다. 그동안 예수님의 가르침을 받은 제자라면 당연히 알 거라고 하셨는데, 도마는 여전히 잘 모르고 있었던 것입니다. 그때 주님은 그를 꾸짖기보다 "내가 곧 길이요 진리요 생명이니"(요 14:6)라고 다시 말씀해 주셨습니다. 나중에 주님께서 부활하신 이후에도 도마가 주님이 못 박히신 자국을 보고 거기에 손가락을 넣어 보기 전에는 믿을 수 없다고 하자, 주님은 이후에 나타나서 못 자국에 손가락을 넣어 보게 하시고는 믿는 자가 되라고 말씀하셨습니다.

주님은 의심하고 질문하는 사람을 책망하는 대신에 끝까지 설명하고 깨닫게 해 주셨습니다. 이 책의 독자들 중에도 계속 궁금해 하거나 의심하면서 읽는 사람이 있을 것입니다. 이는 무엇인지도 모르고 무조건 믿는 것보다 훨씬 더 나은 태도입니다. 그래서 이 책은 혼자 읽는 것보다 인도자의 설명을 들으면서 읽을 것을 추천합니다. 그럴 때 훨씬 더 큰 도움을 얻게 될 것입니다. 두 사람이 만나면 먼저 안부를 묻고 마음을 나누는 시간을 가지십시오. 이후에 지난주에 읽은 내용을 토대로 잘 모르는 부분이 있으면 질문도 하고 깨달은 것도 이야기하면서 나눔의 시간을 가지십시오. 혹시 책을 읽지 못했다면 같이 중요한 부분을 발췌해서 읽고 이야기를 나누어도 좋을 것입니다. 그리고 마지막에는 인도자의 기도로 마무리하십시오.

이 책을 다 마쳤다면 직접 성경 읽기를 시작해 보십시오. 성경은 학자들이 사용하는 현학적인 언어 대신에 시장통에서 보통 사람들이 사용하는 언어로 기록된 책입니다. 개역개정 성경이 고어체 문장이라 읽기 힘들다면 쉬운 말로 된 성경 번역본으로 읽어 보십시오. 톨스토이가 성경을 읽다가 인생의 참된 의미를 깨달은 것처럼, 당신도 성경이 전해 주는 더 놀라운 비밀을 직접 깨닫게 될 것입니다. 우선 신약성경의 마태복음, 마가복음, 누가복음, 요한복음, 이 네 권의 책을 먼저 읽어 볼 것을 추천합니다. 성경의 저자이신 성령님께서 당신에게 귀한 깨달음을 주실 것이라고 확신합니다.